Quaderno
di DISEGNO
di MODA

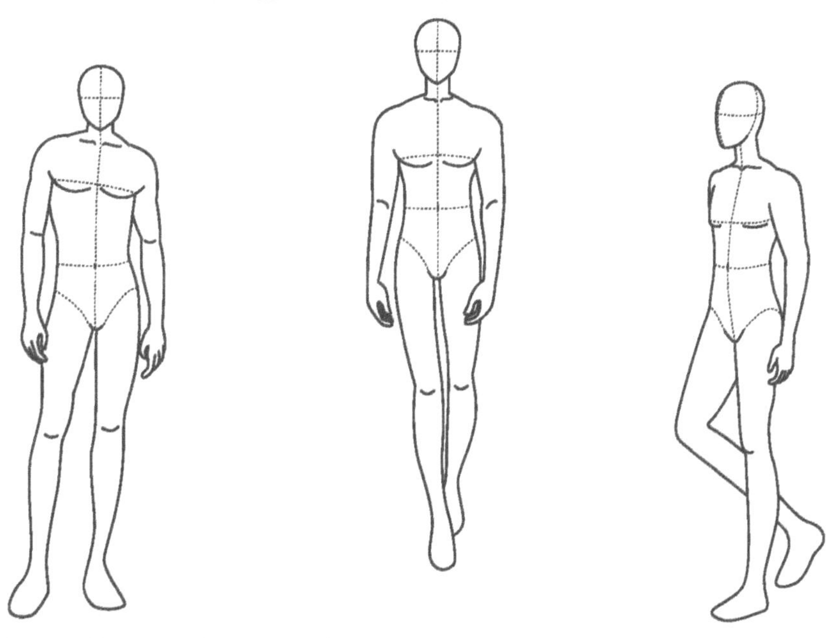

MODELLI DI FIGURE MASCHILI

Dal Principiante all'Avanzato

Niky Jadesson

© Copyright 2025 - Niky Jadesson
Tutti i diritti riservati.

benvenuto

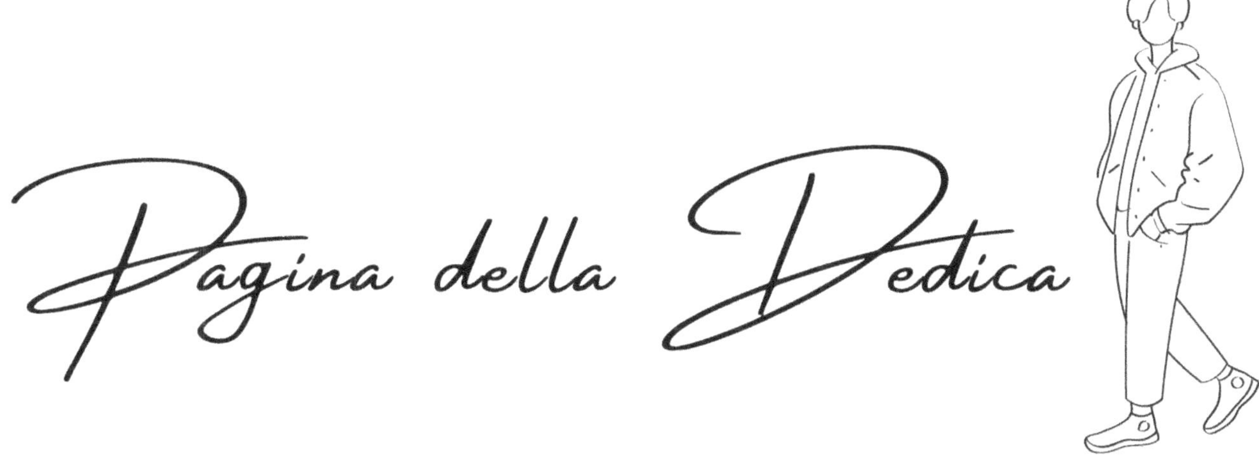

Pagina della Dedica

A tutti gli aspiranti stilisti ispirati dallo stile maschile, dalla sartoria e dalla creatività.

Questo libro è stato creato per te - per sperimentare, imparare ed esprimere le tue idee attraverso il design dell'abbigliamento.

Che ogni pagina ti dia fiducia, ispiri originalità e ti ricordi che ogni schizzo è l'inizio di un capolavoro.

E ai mentori, colleghi e alle persone care che sostengono questo percorso: grazie per essere la vera base di quest'arte.

Con rispetto e passione,

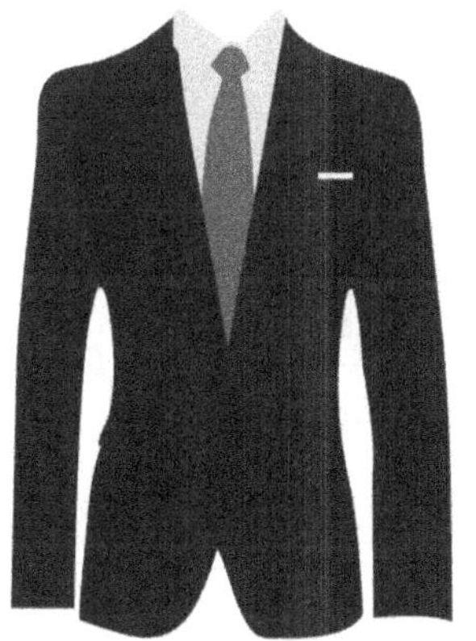

Niky Jadesson

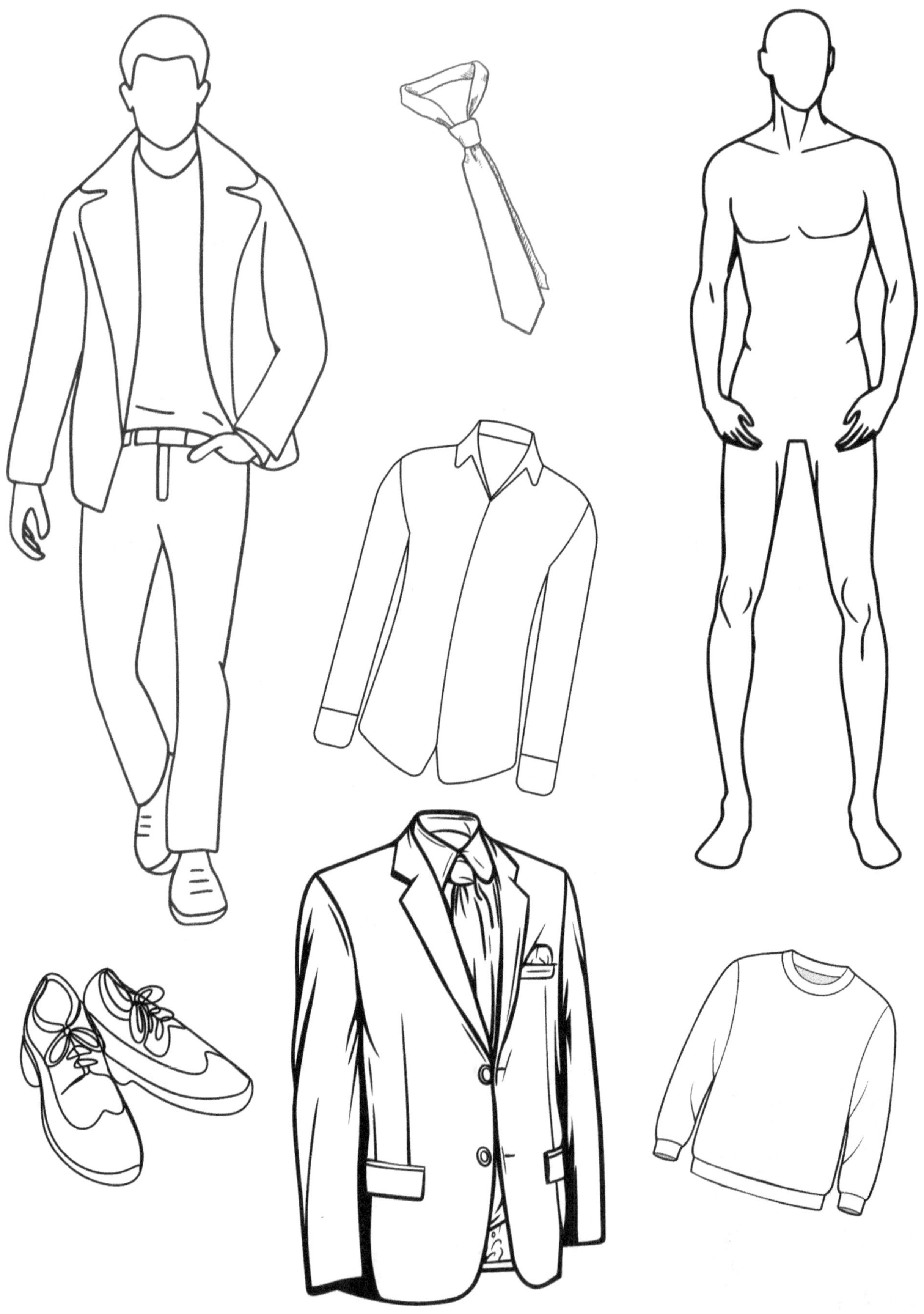

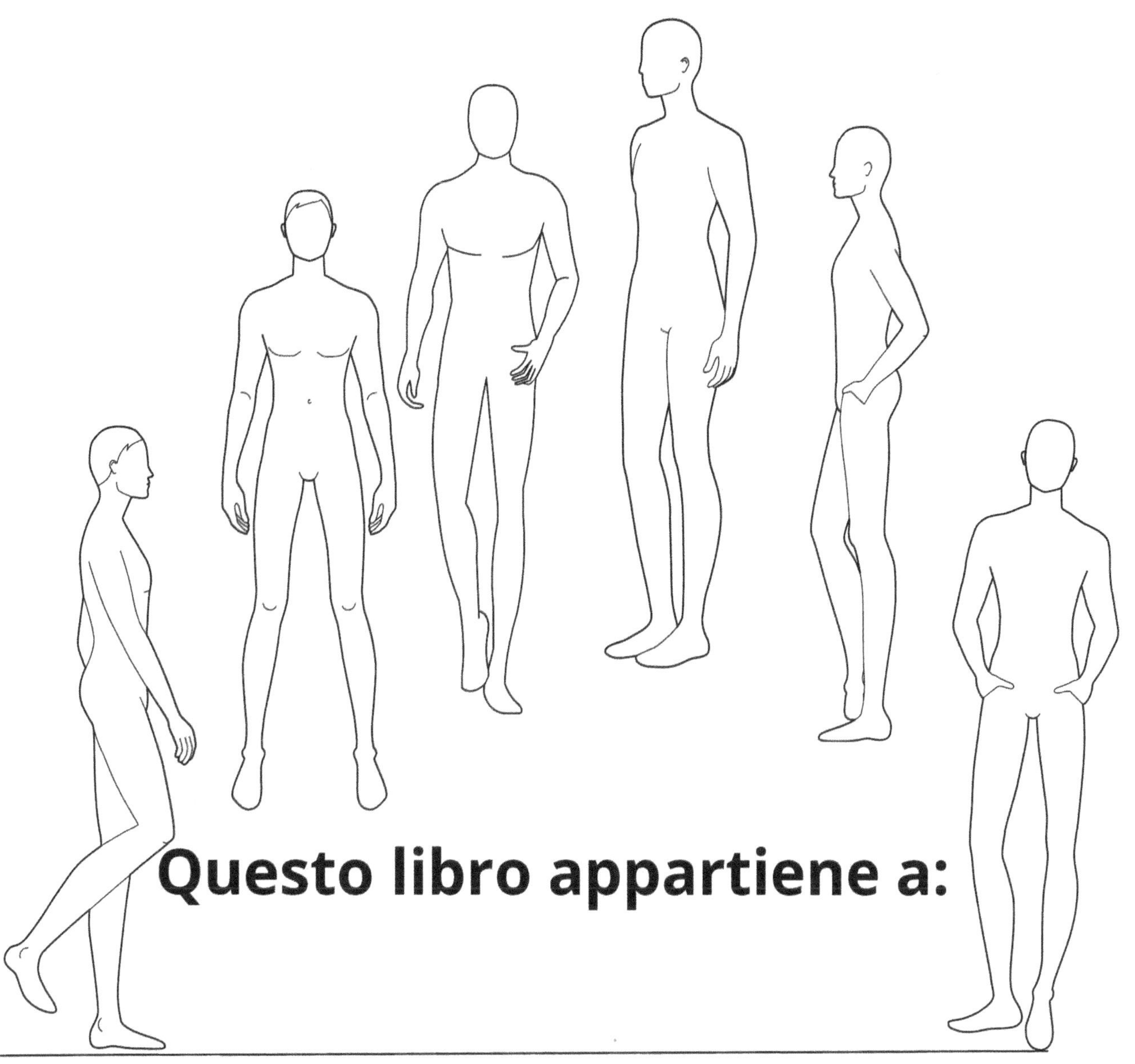

Questo libro appartiene a:

____

____

(il tuo nome)

Niky Jadesson

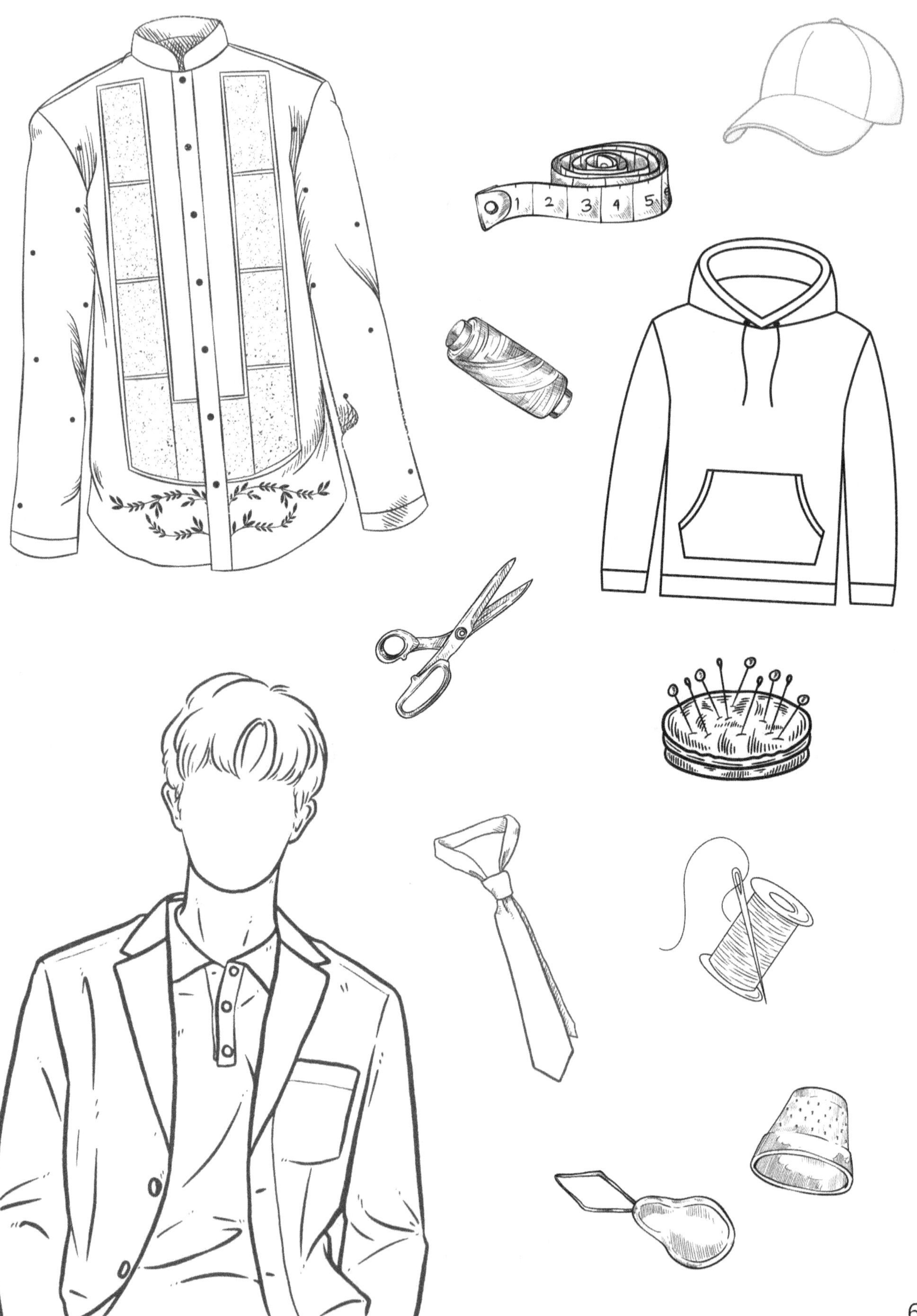

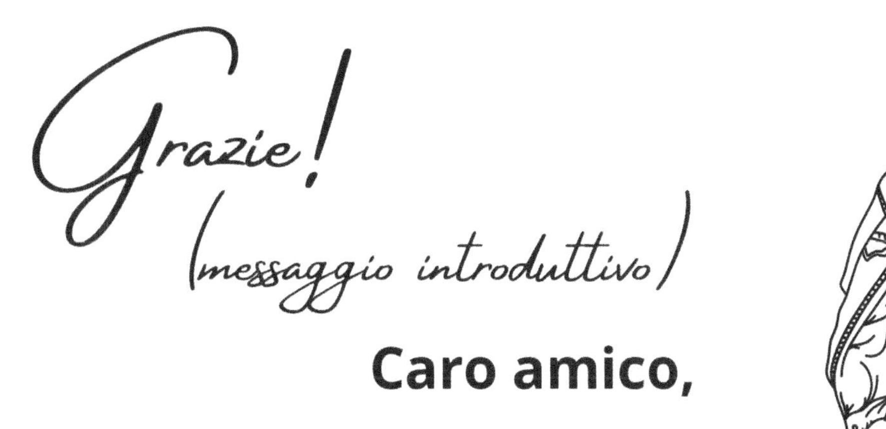

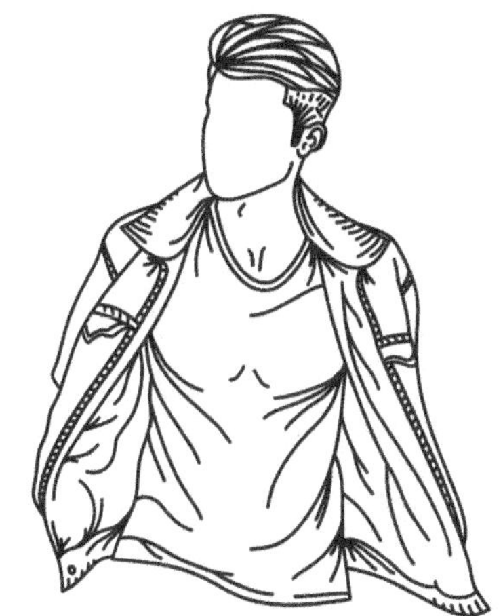

Caro amico,

Grazie per aver scelto questo quaderno di disegno!

La moda è molto più dei vestiti - è un linguaggio di identità, cultura e creatività. Come ogni stilista, hai bisogno di pratica, ispirazione e degli strumenti giusti per dare forma alla tua visione.

Questo libro è stato creato come spazio per esplorare la moda maschile, sperimentare con i design e far crescere le tue capacità passo dopo passo.

Se desideri restare aggiornato sulle future pubblicazioni o condividere il tuo feedback, puoi trovare "Niky Jadesson Books" online.

Il tuo supporto significa moltissimo. Se questo quaderno ti ispira, lasciare una breve recensione aiuta altri a scoprirlo e sostiene l'editoria indipendente.

Con gratitudine,

Niky Jadesson

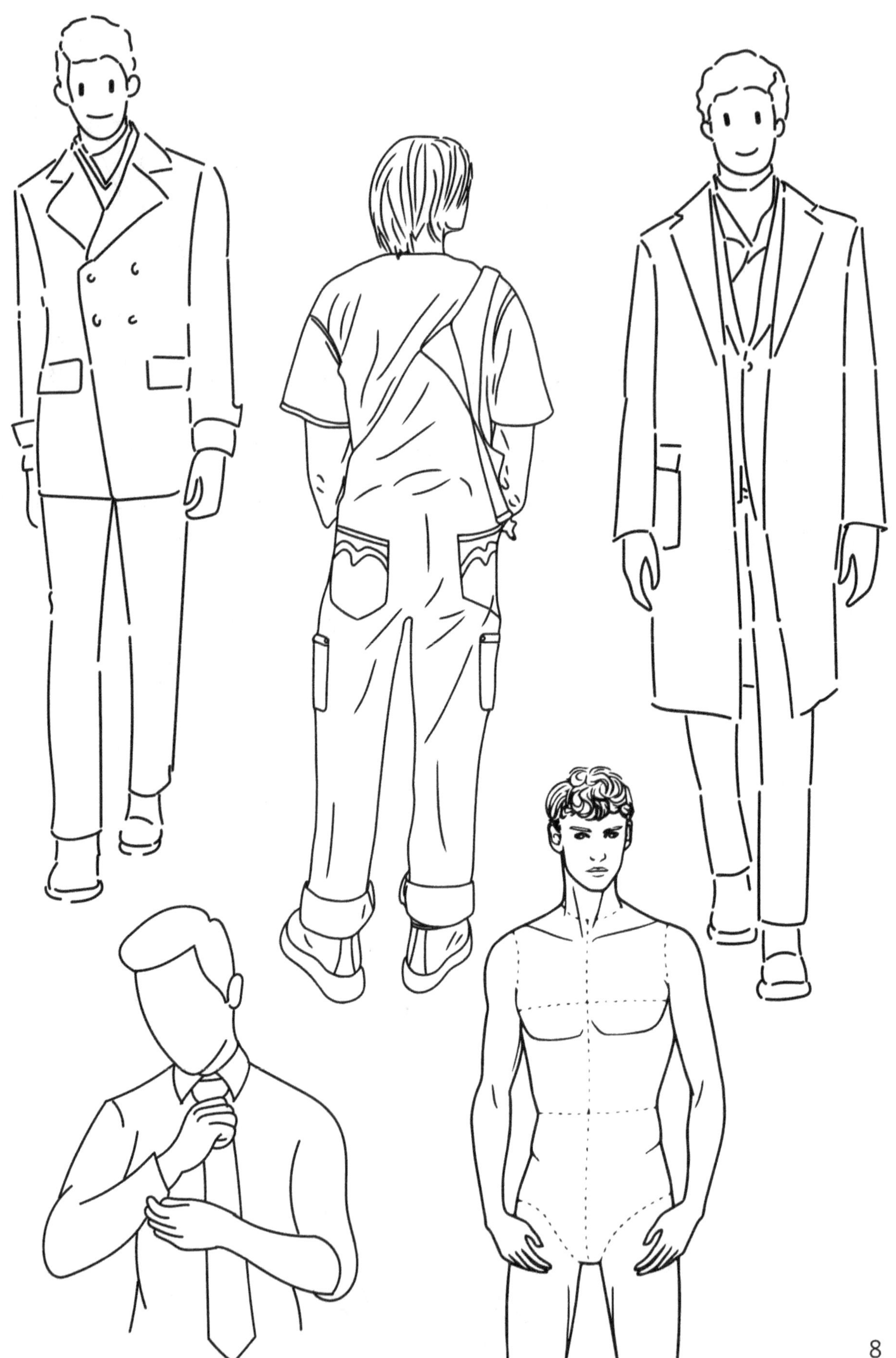

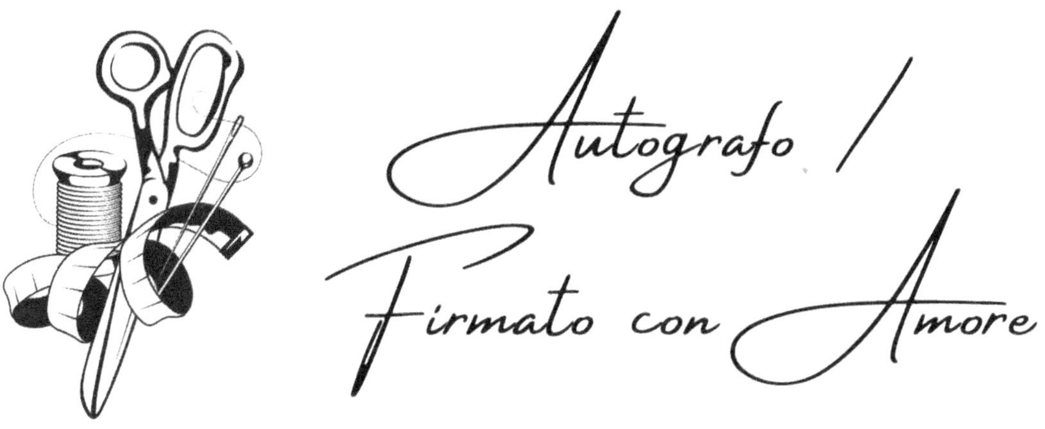

Caro _____________________,

Questo quaderno è per te - per esercitarti, creare e celebrare la tua visione della moda maschile.

Che ti ricordi che ogni outfit che disegni è un passo verso la padronanza della tua arte.

Con tutto il mio rispetto,

____

(Firma)

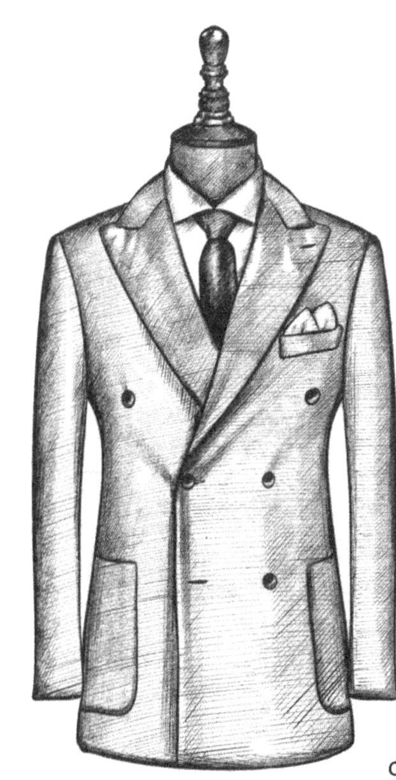

Data: _____________

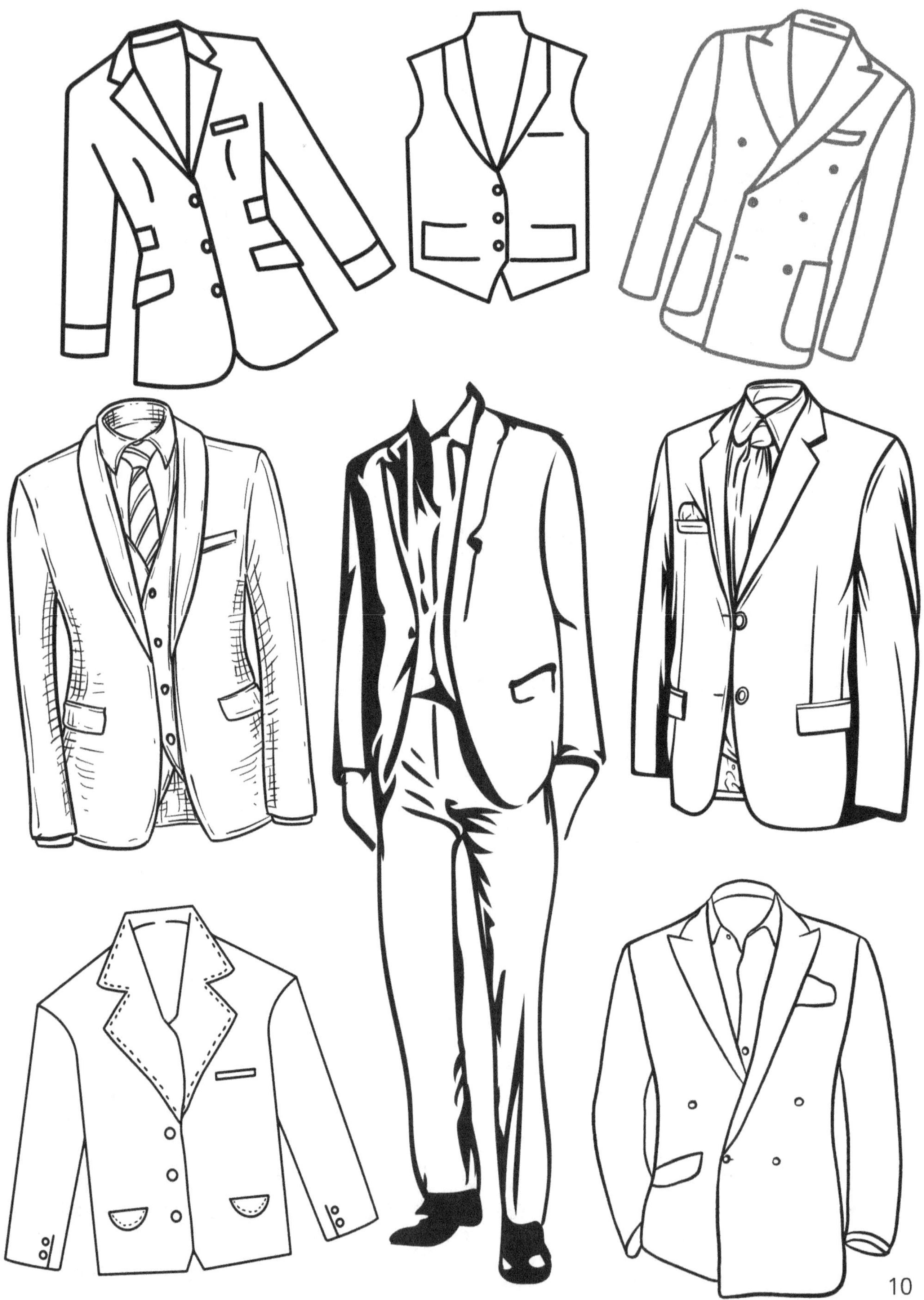

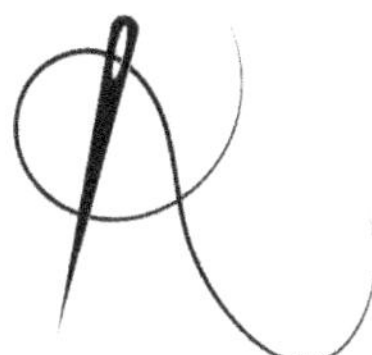

Indice

Indice dei contenuti

⭐ **Nota**: Le pagine con i modelli di corpo - Silhouette maschili - e quelle di pratica sono ripetute intenzionalmente in più sezioni per incoraggiare un esercizio strutturato, un flusso creativo continuo e una maggiore varietà di design.

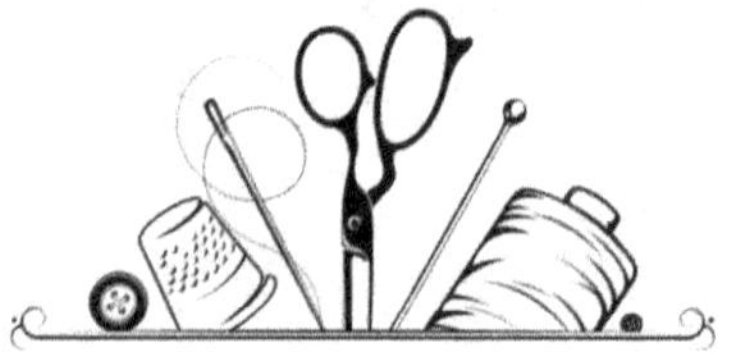

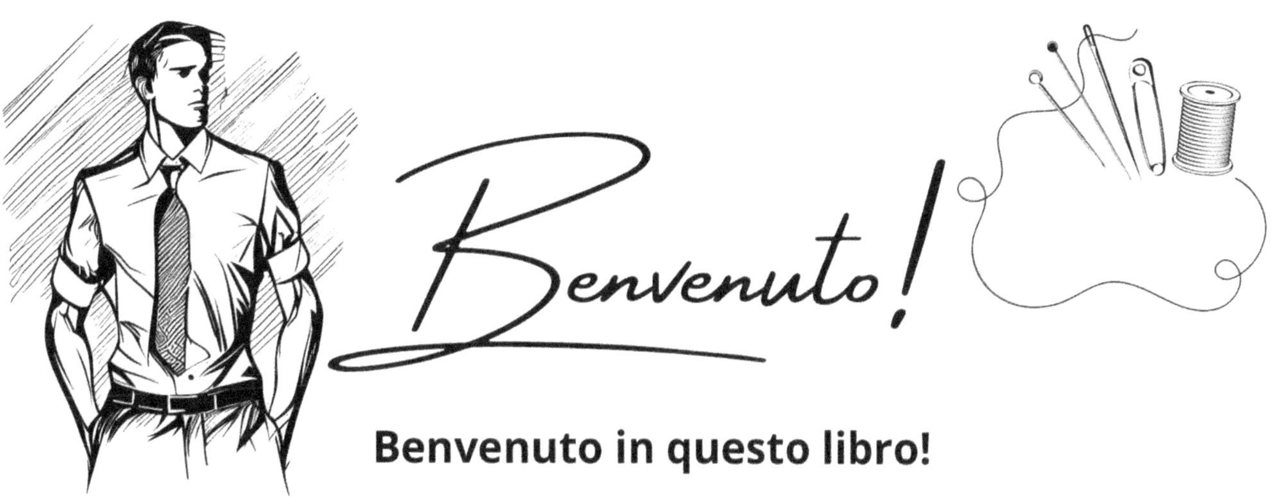

Benvenuto in questo libro!

La moda maschile è un mondo di struttura, dettagli e innovazione. Dai completi sartoriali allo streetwear, ogni design racconta una storia.

Questo quaderno è stato pensato per aiutarti a esercitarti, esplorare e affinare la tua creatività nel design dell'abbigliamento maschile.

Prenditi il tuo tempo, prova silhouette, tessuti e colori diversi e, soprattutto, goditi il processo.

Che tu sia alle prime armi o già esperto, questo è il tuo spazio per sperimentare e crescere come designer.

Siamo onorati di accompagnarti in questo percorso.

Buon disegno!

Niky Jadesson

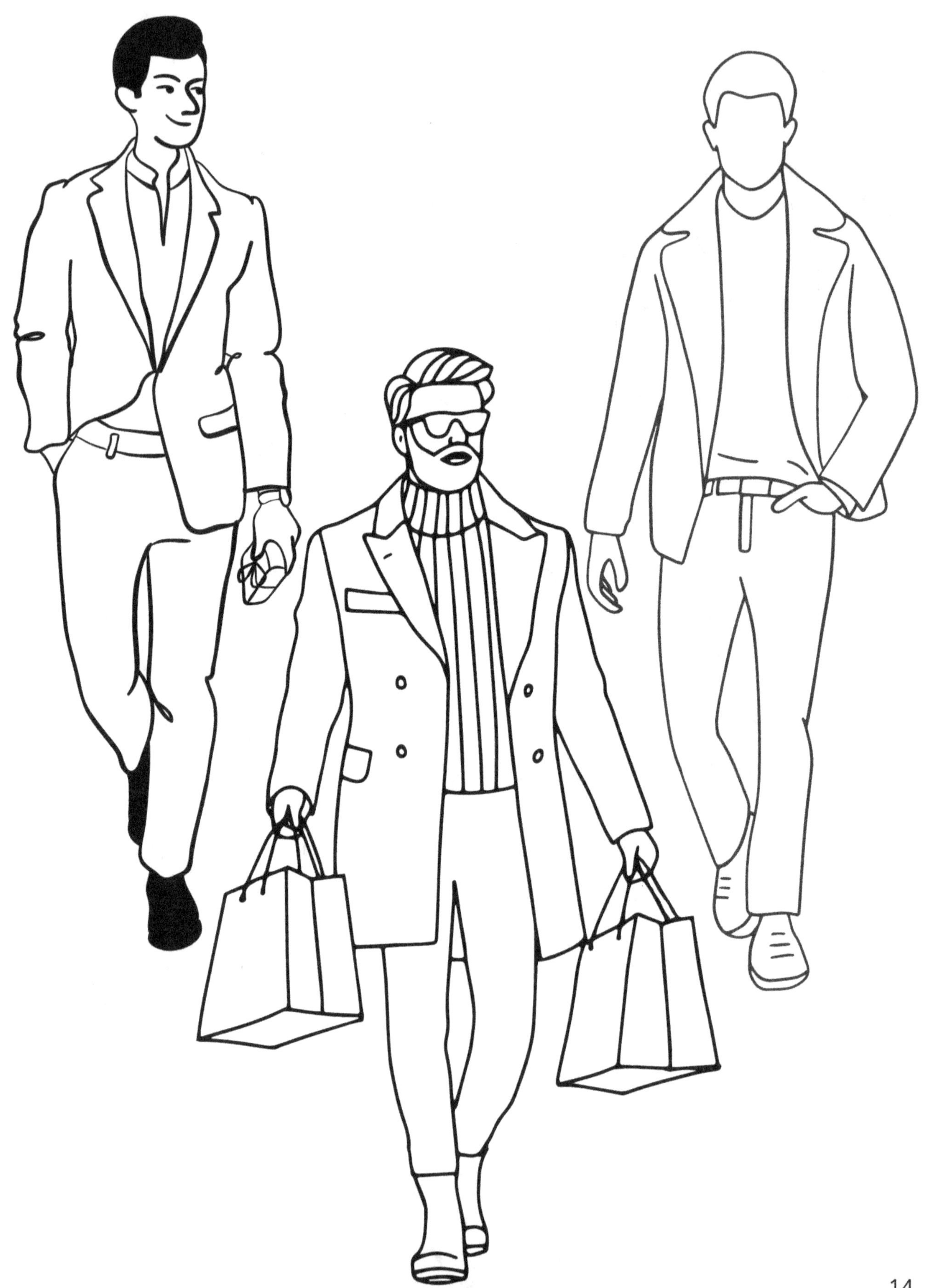

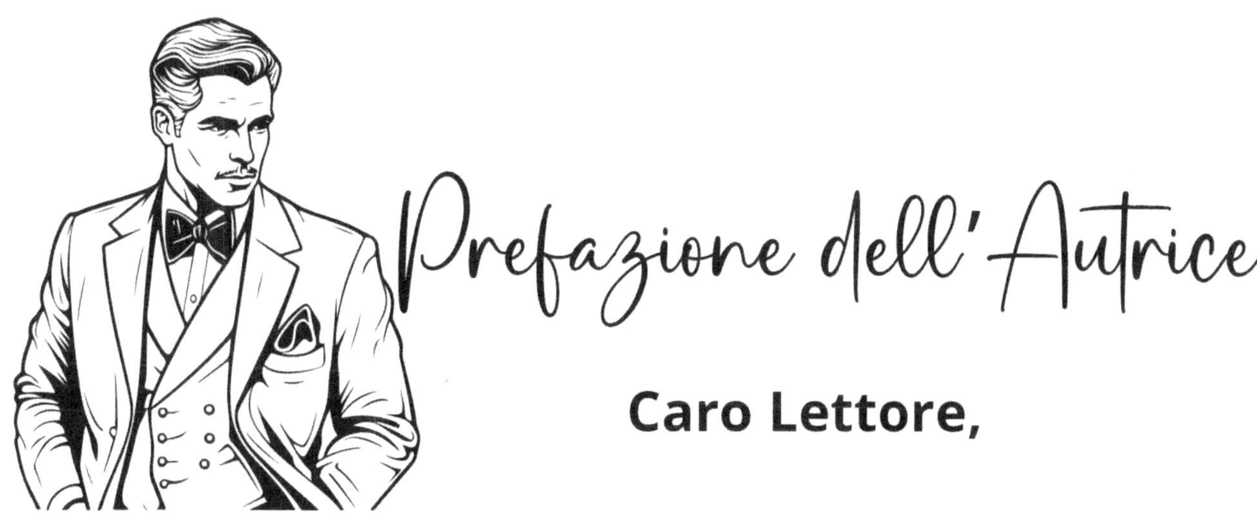

Prefazione dell'Autrice

Caro Lettore,

Benvenuto in questo viaggio creativo nel mondo della moda maschile.

Questo libro è stato scritto con un unico obiettivo: offrirti uno spazio dove ispirazione e pratica si incontrano, e dove ogni pagina può accendere nuove idee.

All'interno troverai sia guida - con i fondamenti della moda e consigli professionali - sia libertà, grazie ai modelli di figura maschile e alle pagine per disegnare dove potrai sperimentare senza limiti.

La moda maschile è varia: dal minimalismo allo streetwear audace, dalla sartoria elegante all'abbigliamento sportivo rilassato.

Spero che queste pagine ti ispirino a disegnare, a provare cose nuove e a vedere l'abbigliamento come funzione e arte insieme.

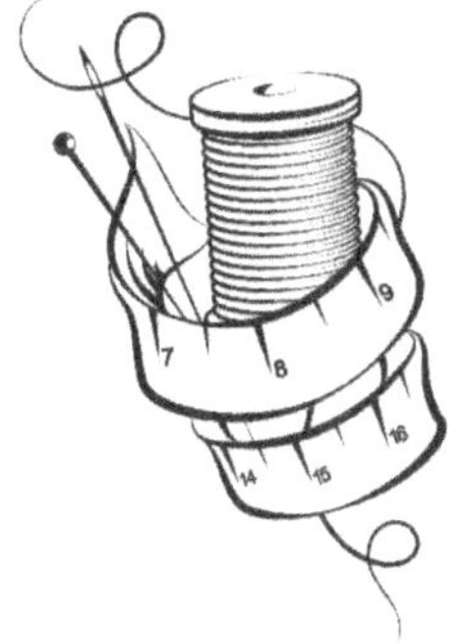

Con passione e gratitudine,

Niky Jadesson

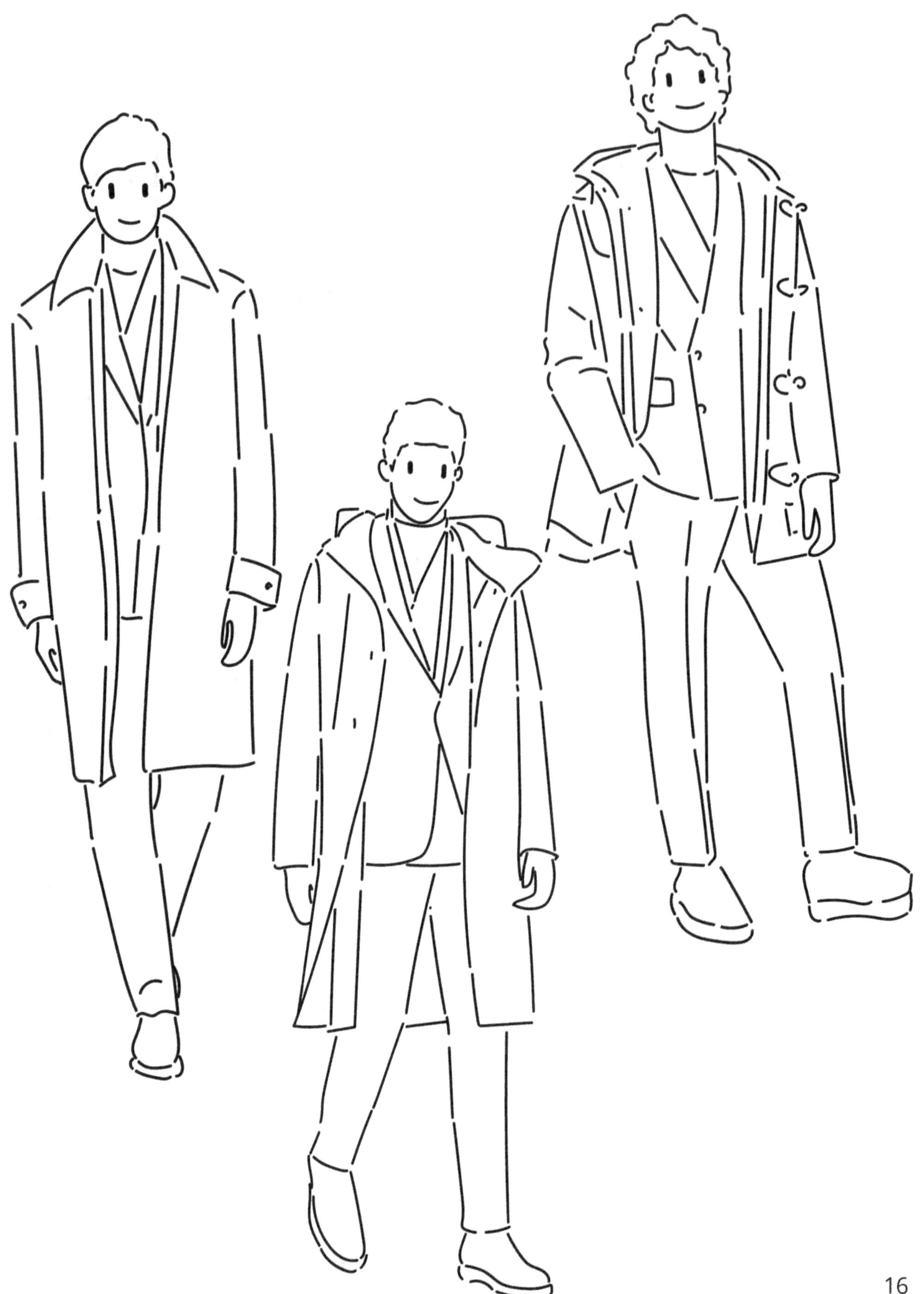

Come Usare Questo Quaderno di Disegno

Questo quaderno è sia pratico che creativo. Ti offre spazio per progettare outfit, esplorare stili e riflettere sulla tua crescita.

Ecco come trarne il massimo:

- **Sperimenta liberamente** - Prova look casual, abiti formali o streetwear audaci.
- **Prendi appunti** - Annota tessuti, tagli e accessori usati per ogni design.
- **Usa i modelli** - Le silhouette maschili ti aiutano a visualizzare i capi sul corpo.
- **Confronta e migliora** - Segui come evolvono i tuoi schizzi nel tempo.
- **Ripeti e affina** - Ridisegna gli outfit e prova varianti.

Che tu stia iniziando o voglia perfezionare le tue capacità, questo quaderno è il tuo studio personale di design.

I Miei Obiettivi e le Ispirazioni

La moda maschile si basa sull'equilibrio: struttura e comfort, tradizione e modernità. Prima di disegnare, prenditi un momento per definire che tipo di designer vuoi essere.

Domande guida:

- Quale tipo di abbigliamento maschile mi entusiasma di più? (streetwear, abiti formali, sportswear, casual)
- Quale storia voglio raccontare con i miei capi? (fiducia, professionalità, ribellione, libertà)
- Chi sono le mie icone di stile? (designer classici, musicisti, atleti, uomini comuni)

Spazio per appunti:

- I miei obiettivi di design: _______________________________
- Le mie ispirazioni di moda: _____________________________
- Tessuti o tagli che voglio esplorare: _________________________
- Competenze da migliorare: ________________________________

I tuoi obiettivi non devono essere definitivi - possono evolversi come la moda stessa.

Strumenti e Materiali
per il Disegno di Moda

Per disegnare la moda maschile servono alcuni strumenti fondamentali che ti aiuteranno a trasformare le idee in design forti e chiari:

- **Matite e gomme** - Per tracciare linee leggere prima di definire giacche, camicie e pantaloni.
- **Pennarelli fini** - Ideali per evidenziare colletti, polsini e cuciture sartoriali.
- **Marker e sfumature** - Toni neutri (nero, grigio, blu) per abiti eleganti; colori forti per lo streetwear.
- **Righelli e curve francesi** - Utili per linee dritte e strutturate.
- **Tablette digitali** - Perfette per sovrapporre e modificare con precisione.
- **Campioni di tessuto** - Lana, denim, tweed, cotone: toccarli aiuta a disegnare in modo realistico.

Gli strumenti giusti rendono il processo
più fluido, ma la creatività viene sempre da te.

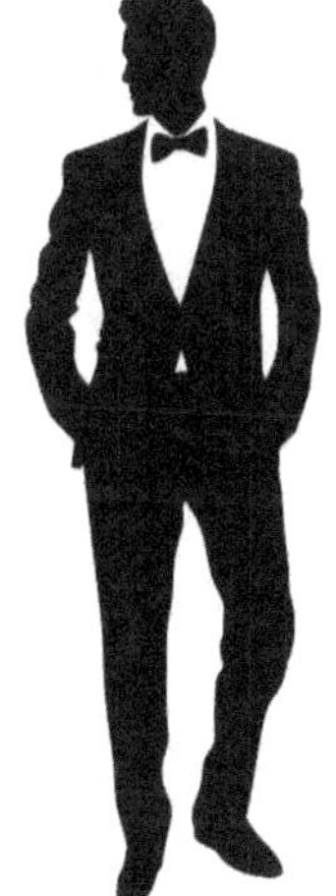

Consigli
per Iniziare

Ecco alcuni modi per acquisire sicurezza nei primi schizzi:

- **Concentrati sulle basi** - Camicie, pantaloni e giacche prima di outfit complessi.
- **Studia la sartoria** - Osserva come le cuciture modellano un abito, come i revers aggiungono carattere.
- **Gioca con le proporzioni** - Slim-fit, oversize, rilassato: provali tutti.
- **Aggiungi accessori** - Scarpe, cravatte, cappelli o borse completano il look.
- **La costanza vince** - Disegna un po' ogni giorno.

La forza della moda maschile è nei dettagli: una sola linea può trasformare un intero design.

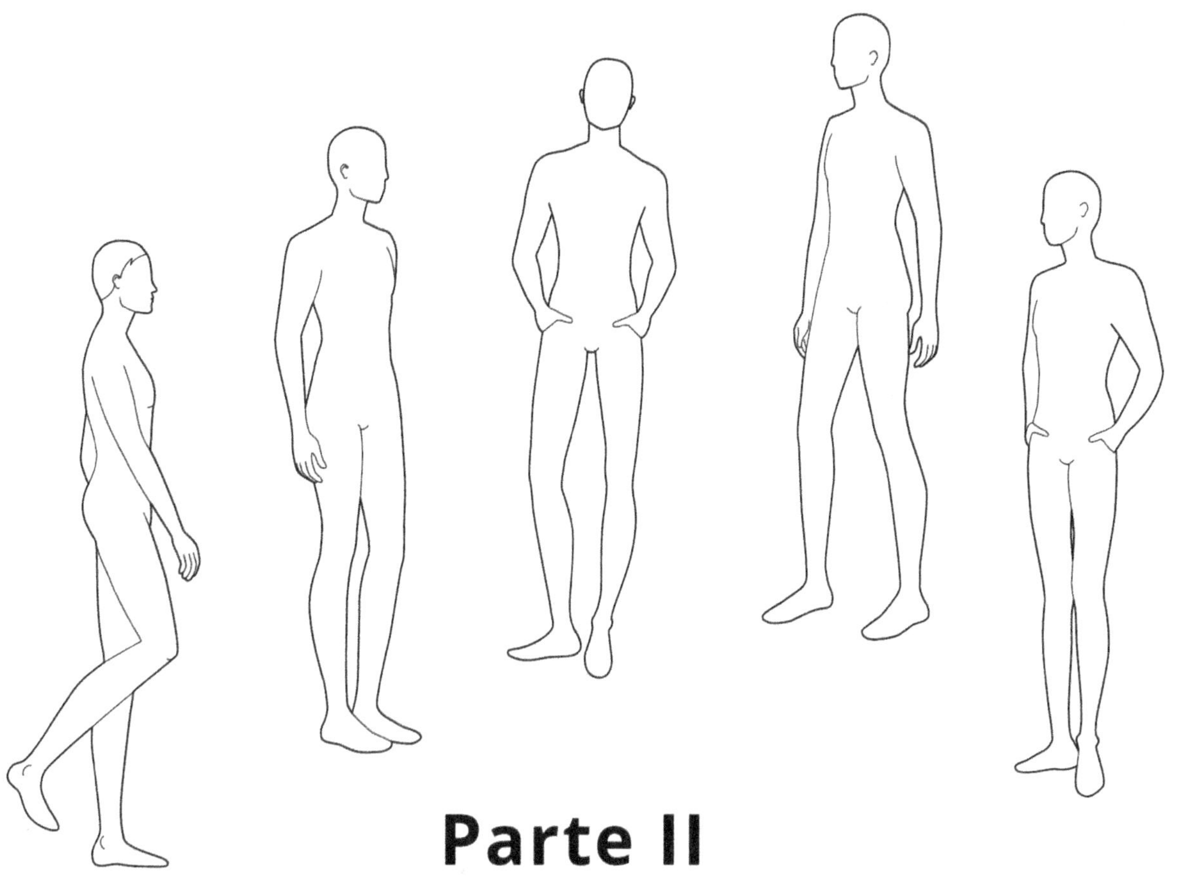

Parte II
- Educazione e Fondamenti

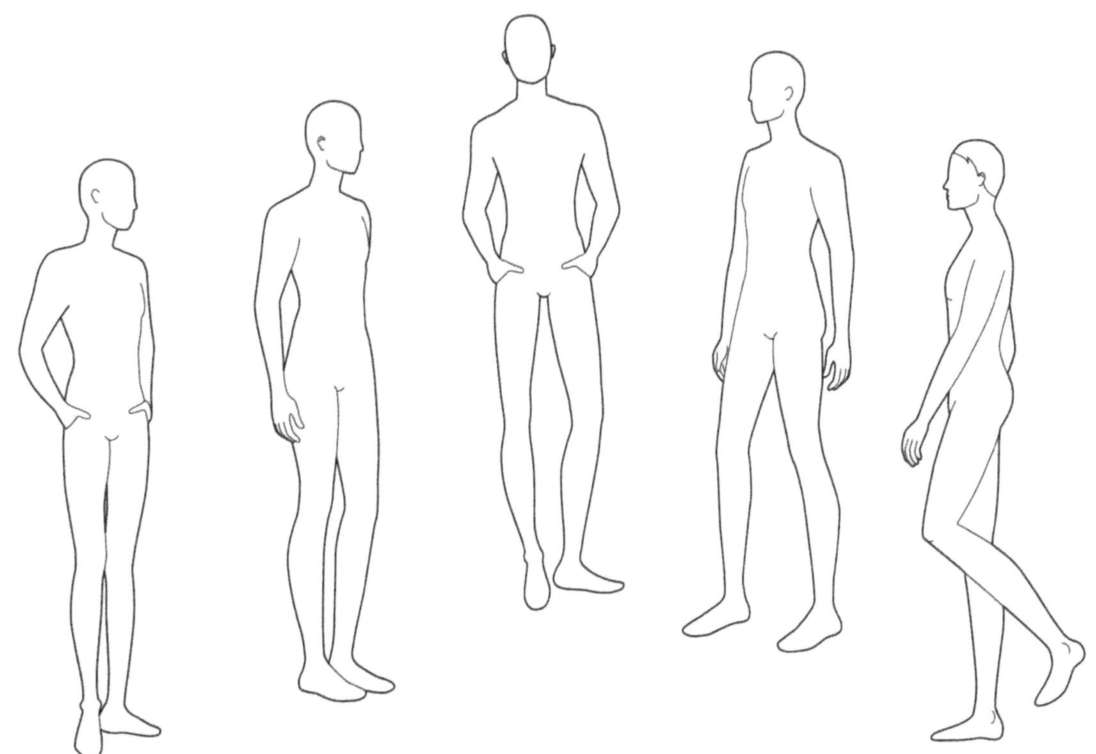

Una Breve Storia della Moda Maschile
- *Dalle Epoche Classiche agli Stili Moderni*

La moda maschile è sempre stata influenzata da funzione, cultura e status. Anche se la praticità ha spesso guidato il design, l'abbigliamento ha riflesso anche potere, tradizione ed espressione personale.

- **Civiltà Antiche** - Gli uomini indossavano tuniche, vesti e drappeggi che permettevano libertà di movimento. Cinture, sandali e gioielli indicavano ricchezza o classe sociale.
- **Epoche Medievali e Rinascimentali** - Gli abiti divennero più strutturati. Cappotti su misura, calzoni e mantelli mettevano in evidenza l'autorità. Ricami e tessuti pregiati simboleggiavano prestigio.
- **XVIII e XIX Secolo** - I completi divennero simbolo di raffinatezza. Gilet, cravatte e pantaloni aderenti erano standard per i gentiluomini, mentre l'abbigliamento da lavoro si evolveva separatamente.
- **XX Secolo** - Dai completi a tre pezzi formali alle camicie casual e al denim, la moda maschile si è diversificata. Questo secolo ha visto nascere lo sportswear, gli stili ispirati al mondo militare e l'abbigliamento da ufficio.
- **Oggi** - La moda maschile abbraccia libertà e individualità. Streetwear minimalista, completi su misura, silhouette oversize e tessuti sostenibili convivono. Comfort, identità e versatilità definiscono il guardaroba maschile moderno.

Ogni epoca lascia un segno. Mentre disegni, pensa a come i design di oggi ispireranno quelli di domani.

Silhouette Maschili nel Tempo
- *Taglio Dritto, Slim, Rilassato, Oversize*

Le silhouette nella moda maschile definiscono sia la formalità che lo stile di vita.

- **Taglio Dritto** - Classico, equilibrato, leggermente squadrato. Una base senza tempo per completi e uniformi.
- **Slim Fit** - Spalle strette e linee affusolate. Moderno, elegante e giovanile.
- **Taglio Rilassato** - Linee più morbide e comode, spesso usate per capi casual.
- **Oversize** - Proporzioni ampie con volumi accentuati, tipiche dello streetwear e dello stile d'avanguardia.

Le silhouette sono un linguaggio silenzioso: il taglio slim trasmette precisione, l'oversize audacia, il rilassato naturalezza, mentre le linee dritte evocano tradizione.

Quando disegni, sperimenta con le proporzioni: anche piccole variazioni nella larghezza delle spalle o nella linea dei pantaloni possono trasformare l'intero design.

Teoria del Colore nella Moda Maschile
- *Abbinamenti, Contrasti e Palette Stagionali*

I colori influenzano umore, stile e personalità.

- **Basi Neutre** - Toni come nero, grigio, blu navy, marrone e bianco dominano il guardaroba maschile per la loro versatilità e atemporalità.
- **Colori Accento** - Toni vivaci come rosso, verde o senape aggiungono individualità senza eccedere.
- **Palette Stagionali** -
    - *Primavera:* neutri chiari con tocchi di colore.
    - *Estate:* blu freddi, bianchi e tonalità fresche.
    - *Autunno:* marroni terrosi, verde oliva, arancioni profondi.
    - *Inverno:* contrasti forti, come nero e bianco, o toni scuri con accenti metallici.
- **Psicologia del Colore** - I toni scuri evocano formalità, quelli chiari leggerezza, mentre i colori vivaci trasmettono fiducia.

Un solo dettaglio - una cravatta colorata, una fodera di giacca o un paio di sneakers - può trasformare completamente un outfit semplice.

Tessuti e Texture
per l'Abbigliamento Maschile
- *Lana, Cotone, Denim, Pelle*

Il tessuto determina comfort, durata e stile.

- **Lana** - Calda, strutturata e perfetta per completi, cappotti e maglieria.
- **Cotone** - Traspirante, versatile e ampiamente usato per camicie, pantaloni e capi casual.
- **Denim** - Robusto, pratico e iconico nella moda maschile. Simbolo di forza e informalità.
- **Pelle** - Resistente e duratura, spesso impiegata per giacche, scarpe e accessori.

La texture racconta tanto quanto la silhouette: i tessuti lisci appaiono formali, quelli ruvidi più casual.

Prova a disegnare la stessa giacca in lana e in pelle - vedrai come cambia immediatamente l'atmosfera del design.

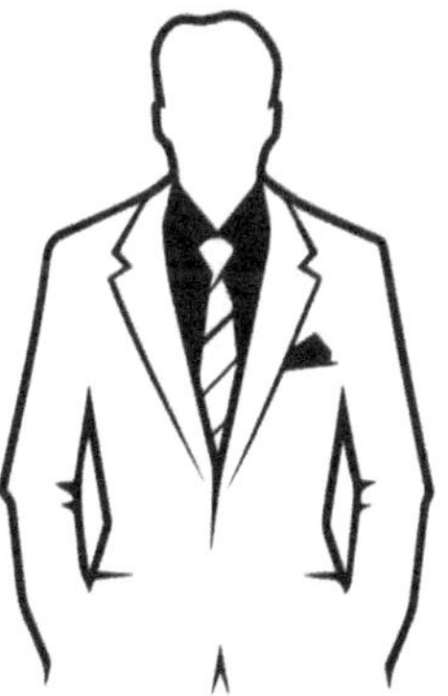

Strumenti per il Disegno di Moda
- Matite, Pennarelli, Opzioni Digitali

I tuoi strumenti ti aiutano a catturare la struttura e la forma maschile dei design.

- **Matite di Grafite** - Ottime per linee precise, ombreggiature e dettagli strutturati.
- **Pennarelli** - Aggiungono blocchi di colore forti, ideali per palette maschili decise.
- **Matite Colorate** - Perfette per stratificare toni e sfumature che imitano i tessuti.
- **Inchiostri e Penne** - Per contorni netti e definiti.
- **Strumenti Digitali** - Le tavolette permettono di sperimentare rapidamente proporzioni e texture.

Il miglior strumento è quello che userai con costanza. Inizia in modo semplice e migliora con la pratica.

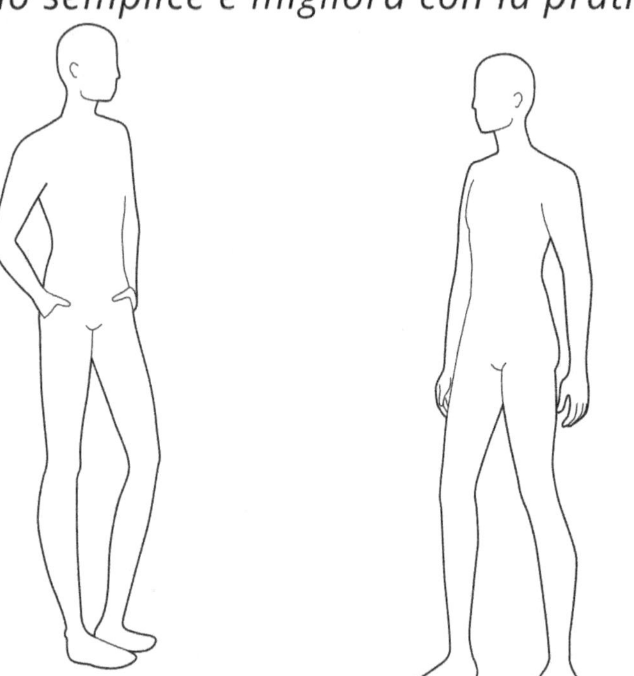

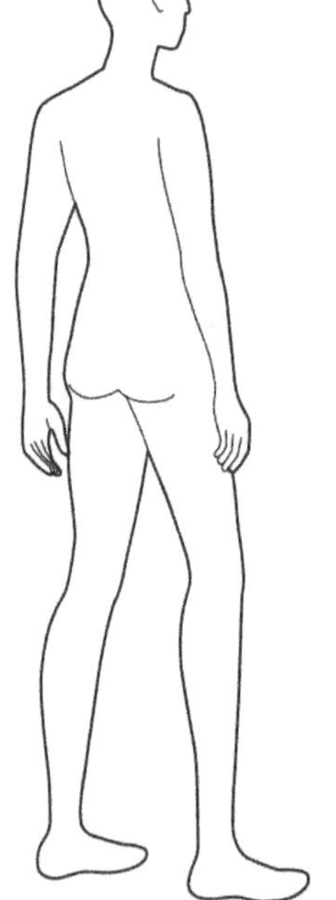

Passo Dopo Passo:

Outfit Casual da Giorno (T-shirt, Camicia, Jeans)

L'abbigliamento casual riguarda comodità, praticità e individualità.

1. **Inizia con la Silhouette** - Taglio dritto o rilassato per maggiore comfort.
2. **Definisci le Basi** - Una T-shirt, una camicia aperta o un paio di jeans.
3. **Aggiungi Dettagli Funzionali** - Tasche, cuciture, cerniere o maniche arrotolate.
4. **Palette di Colori** - Toni neutri con accenti delicati (grigio, bianco, azzurro chiaro, verde oliva).
5. **Effetti di Texture** - Mostra la ruvidità del denim, la morbidezza del cotone o le sovrapposizioni dei tessuti.

I design casual devono apparire spontanei - qualcosa che si indossa naturalmente ogni giorno.

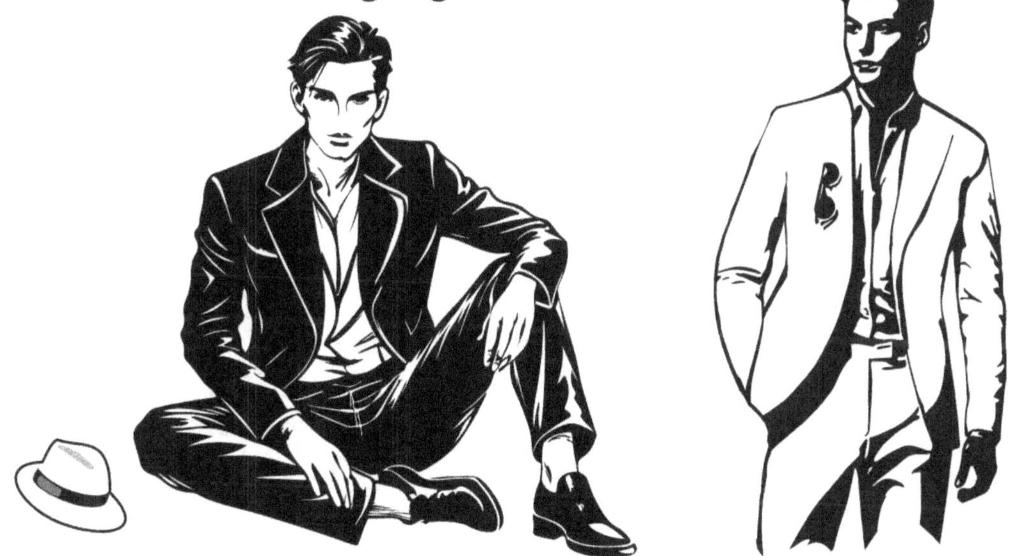

Passo Dopo Passo: Look da Sera
(Completo, Giacca, Abbigliamento Formale)

L'abbigliamento da sera maschile unisce eleganza e personalità.

1. **Silhouette** - Scegli un taglio slim o dritto, a seconda dello stile.
2. **Dettagli della Giacca** - Revers, bottoni, spacchi e lunghezza definiscono il carattere.
3. **Pantaloni** - Coordinati con il tessuto della giacca, ma con taglio comodo.
4. **Camicia e Accessori** - Colletti, cravatte, gemelli, cinture o scarpe completano il look.
5. **Colori e Tessuti** - Toni scuri come blu notte o antracite per eleganza; tonalità più chiare per un tocco moderno.

Un look formale deve trasmettere sicurezza rimanendo fedele alla personalità di chi lo indossa.

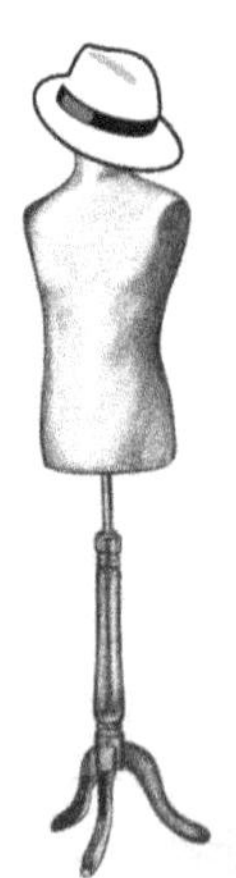

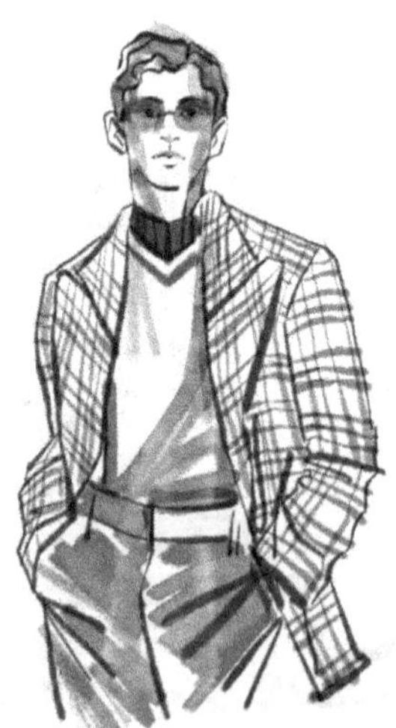

Errori Comuni nel Design Maschile
(e Come Evitarli)

Gli errori capitano, ma la consapevolezza aiuta a prevenirli.

- **Proporzioni Errate** - Spalle troppo larghe o pantaloni troppo lunghi alterano l'equilibrio.
- **Eccesso di Dettagli** - Troppe zip, cuciture o strati appesantiscono il design.
- **Contrasti di Colore Inefficaci** - Combinazioni troppo forti possono sembrare poco curate.
- **Ignorare la Funzionalità del Tessuto** - Tessuti pesanti in estate o leggeri per cappotti non funzionano.
- **Pensare "Taglia Unica"** - I corpi maschili variano molto; i design devono adattarsi alle diverse fisicità.

I design più forti bilanciano stile, funzionalità e vestibilità.

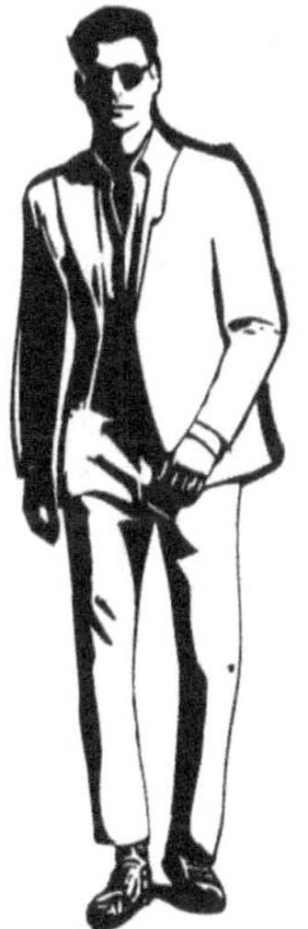

Consigli e Trucchi per Stilisti di Moda Maschile

- Usa le sovrapposizioni per aggiungere profondità e versatilità.

- Concentrati sulla vestibilità: anche una camicia semplice può apparire straordinaria se ben tagliata.

- Le palette neutre diventano interessanti grazie alle texture - prova ad abbinare lana, cotone o denim.

- Disegna anche gli accessori: cinture, cappelli, scarpe e borse completano l'outfit.

- Esercitati disegnando età e corporature diverse per migliorare la versatilità.

La moda maschile vive di sottigliezze - piccoli cambiamenti in linea, tessuto o taglio possono creare un grande impatto.

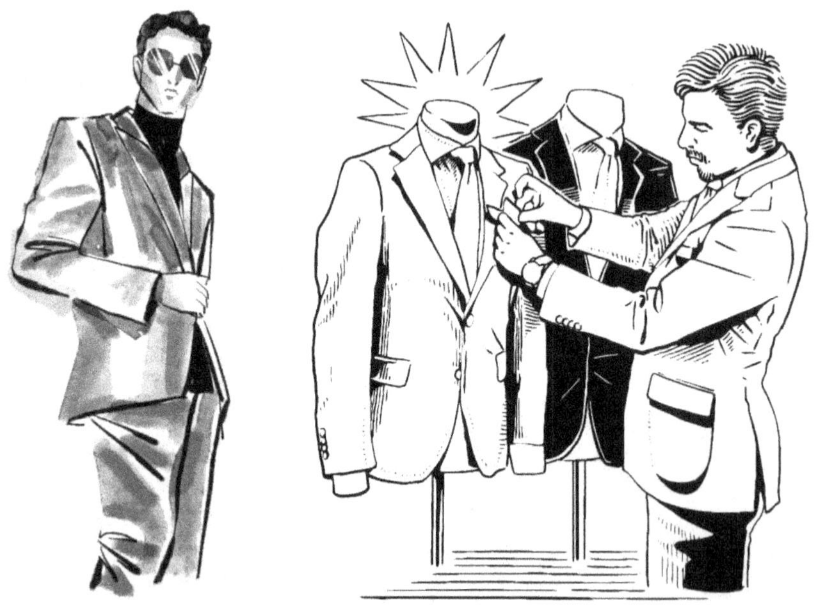

Guida Passo Dopo Passo
a Questo Quaderno di Disegno

Questo quaderno è il tuo campo di allenamento per il design di moda maschile.

- **Esercitati con le Silhouette** - Usa i modelli per testare proporzioni e vestibilità.
- **Sperimenta con i Tessuti** - Ombreggia o colora per rappresentare lana, cotone, denim o pelle.
- **Gioca con i Colori** - Prova basi neutre con accenti inaspettati.
- **Pensa in Collezioni** - Crea serie casual, formali e streetwear unite da un tema comune.
- **Annota e Rifletti** - Scrivi cosa ti ha ispirato, cosa ha funzionato e cosa miglioreresti.

Alla fine del libro, avrai una collezione personale di design maschili che riflettono la tua evoluzione creativa.

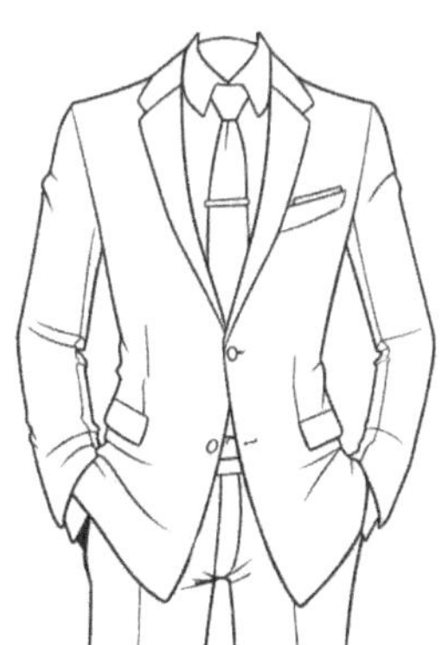

Fondamenti del Disegno di Moda Maschile:
Passo Dopo Passo

Il disegno di moda maschile ha caratteristiche proprie: struttura, equilibrio e proporzione. Anche se le silhouette maschili sono spesso più dritte di quelle femminili, il design creativo consente sempre sperimentazione.

Passo 1: Costruisci la Silhouette Base

- Traccia linee guida per spalle, torace, vita, fianchi e gambe.
- Le proporzioni maschili sono solitamente più ampie nelle spalle e più dritte nel busto.

Passo 2: Definisci l'Abbigliamento Principale

- Usa forme geometriche per rappresentare i capi: rettangoli per le camicie, linee affusolate per i pantaloni, blocchi strutturati per le giacche.
- Mantieni il disegno semplice e pulito prima di aggiungere dettagli.

Passo 3: Aggiungi i Dettagli del Capo

- Colletti, polsini, bottoni, cerniere, cuciture e tasche.
- Questi piccoli elementi definiscono se un look è casual, elegante o sportivo.

Passo 4: Suggerisci Tessuti e Texture

- Linee dritte e uniformi → denim o cotone.
- Ombreggiatura intensa → lana o pelle.
- Tratteggio incrociato → tweed o tessuti strutturati.

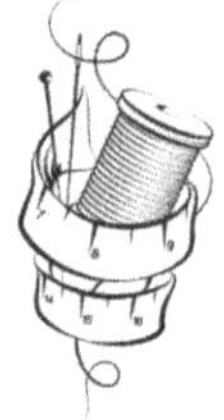

Passo 5: Applica Colore e Tono

- La moda maschile usa spesso palette sobrie o monocromatiche, ma non temere di sperimentare con colori vivaci.
- Usa le ombre per mostrare pieghe e sovrapposizioni.

Passo 6: Completa lo Schizzo

- Rinforza i contorni e correggi le proporzioni.
- Aggiungi note laterali: tipo di tessuto, stagione o ispirazione stilistica.

Il disegno di moda maschile premia la precisione, ma non lasciare che limiti la tua creatività. Usa questi passaggi come una guida flessibile.

Mini Esercizio:

Disegna una semplice combinazione camicia-pantaloni due volte: prima come outfit casual da weekend (camicia in cotone morbido + sneakers), poi come outfit formale (camicia strutturata + scarpe in pelle). Confronta come postura e dettagli cambiano l'atmosfera generale.

LOOK QUOTIDIANO FACILE E VELOCE

La moda maschile quotidiana unisce funzionalità e stile. Questo esercizio ti aiuterà a creare un look semplice ma curato.

5 Passaggi per Disegnare un Look Maschile Casual:

1. Disegna una silhouette maschile rilassata, con spalle leggermente ampie.
2. Aggiungi una T-shirt o una camicia casual.
3. Abbinala a chinos o pantaloni in denim.
4. Suggerisci scarpe quotidiane - sneakers, mocassini o stivaletti casual.
5. Inserisci accessori discreti come un orologio, uno zaino o una cintura.

Note di Stile:

- Le palette neutre (grigio, blu navy, bianco, nero) dominano la moda quotidiana.
- Piccole variazioni come maniche arrotolate, camicie fuori dai pantaloni o giacche leggere aggiungono personalità.
- Tessuti come cotone, denim e jersey offrono comfort e versatilità.

Perché Esercitarsi Così:

I look casual sono perfetti per imparare equilibrio e proporzione. Questi schizzi ti aiutano anche a prendere confidenza con sovrapposizioni, posture e dettagli sottili.

Domande di Riflessione:

- Come cambia l'outfit se sostituisci i chinos con jeans strappati?
- Quale umore comunica ciascuna versione del look?

Prova a disegnare qui il tuo outfit "preferito di tutti i giorni". Sperimenta con piccoli dettagli per vedere come trasformano il look da semplice a stiloso.

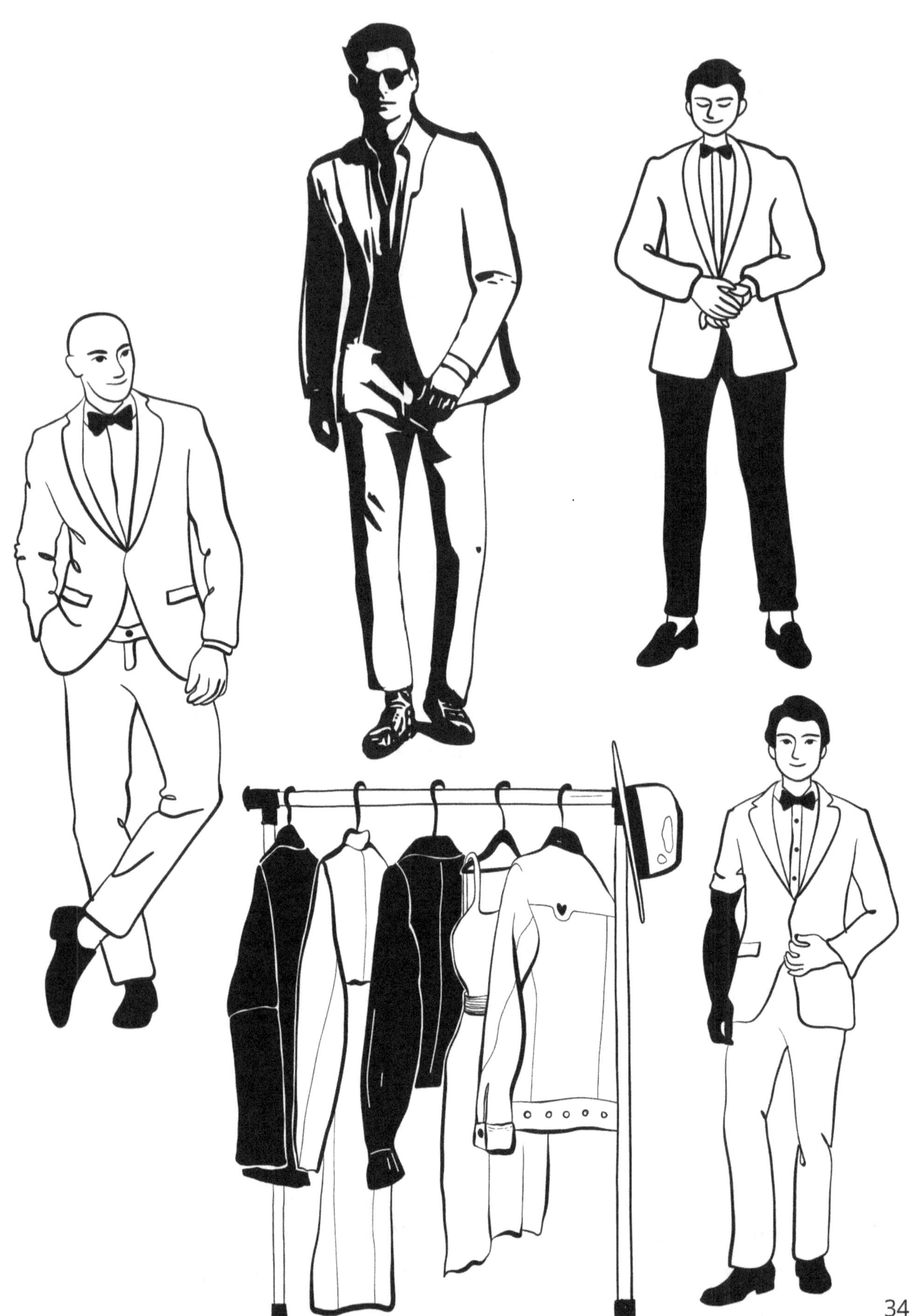

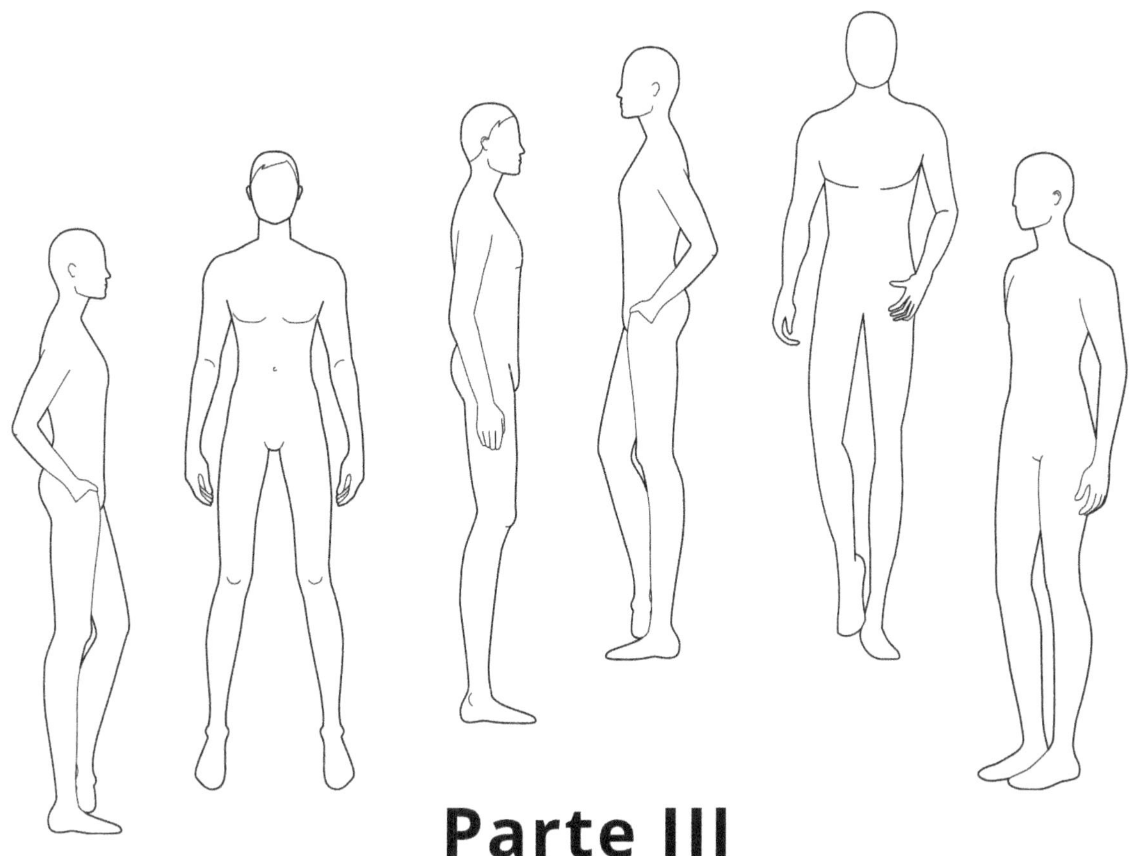

Parte III

- Quaderno di Disegno e Pratica

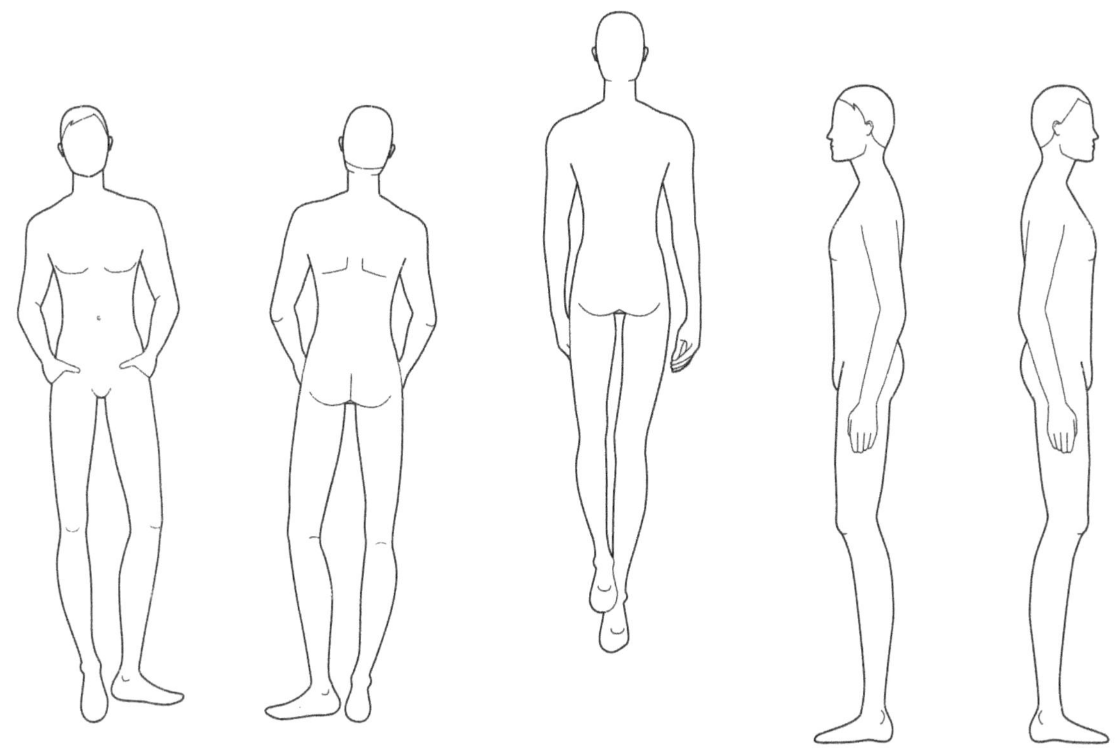

Guida alla Pratica di Moda e Appunti

La moda maschile vive di dettagli e struttura. Usa questa pagina per sperimentare proporzioni, tagli e sovrapposizioni. Non cercare la perfezione - ogni tentativo sviluppa abilità e affina lo sguardo.

Come usare questa pagina:

- Prova a disegnare un taglio di giacca o una silhouette di pantaloni insolita.
- Aggiungi sovrapposizioni per vedere come camicie, blazer e cappotti interagiscono.
- Usa gli appunti per descrivere texture o movimento.

Riflessione e appunti:

- Quale proporzione ha funzionato meglio?
- L'outfit risulta equilibrato?
- Cosa potrei migliorare la prossima volta?

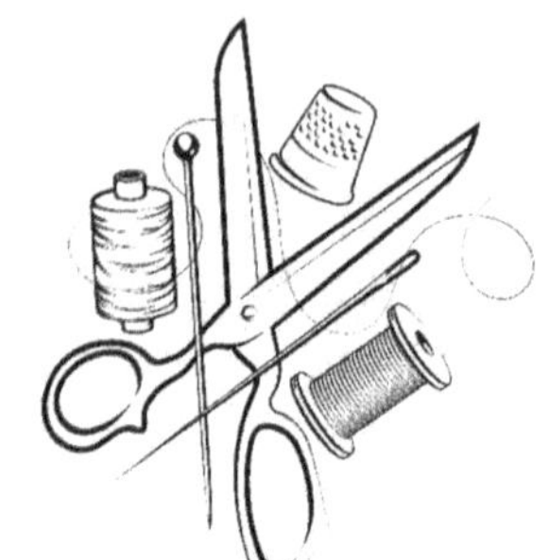

Suggerimento Pro: *La precisione nei dettagli definisce la grande moda maschile.*

Ispirazione Outfit: Streetwear

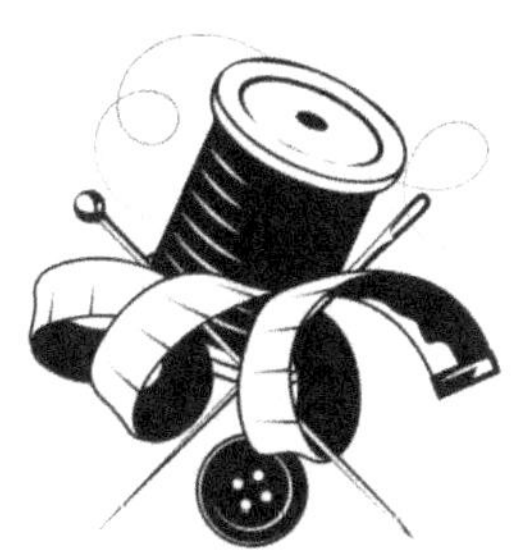

Streetwear Classico

Lo streetwear classico ruota intorno ai capi essenziali e senza tempo che non perdono mai fascino. Immagina jeans a gamba dritta in lavaggio medio, abbinati a una t-shirt bianca pulita, casual ma curata. Completa con un bomber o una giacca stile college per un tocco urbano immediato. Le sneakers, preferibilmente basse e in tonalità neutre, chiudono il look.

Gli accessori restano semplici - magari un cappellino da baseball o un orologio minimal. La forza di questo stile è nella versatilità: perfetto per una giornata in città, un incontro informale o persino per la sera con tagli più raffinati.

Questo look ricorda che la moda non deve essere complicata. Puntando su capi basici di qualità e ben tagliati, l'outfit diventa intramontabile.

Suggerimento Pro: Mantieni una base di toni neutri come nero, bianco, grigio o blu navy. Aggiungi poi un solo accento deciso - una giacca rossa, una t-shirt grafica o sneakers colorate - per creare un punto focale senza esagerare.

Tendenze

Ispirazione

Tessuti

Appunti

Dettagli

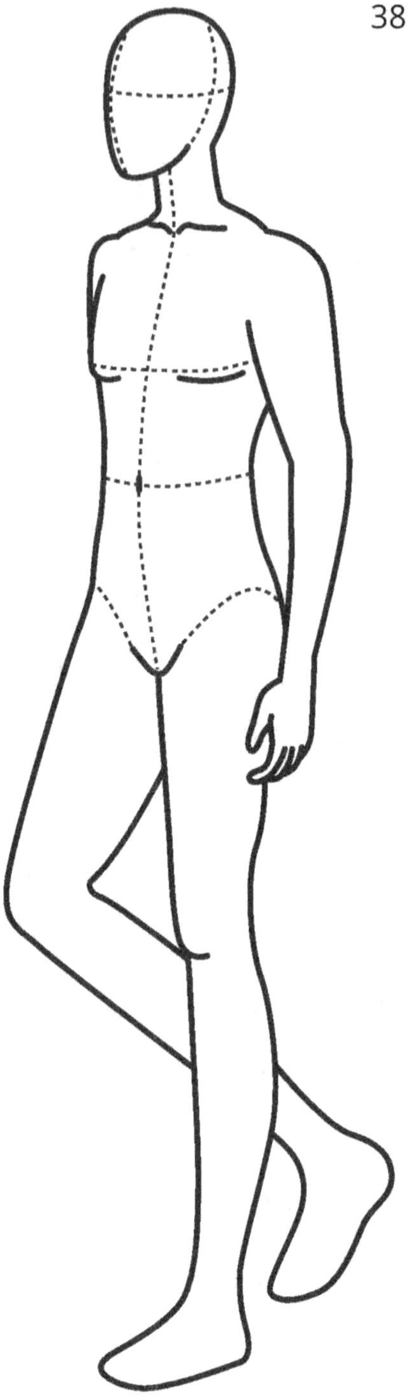

Campioni
di tessuto

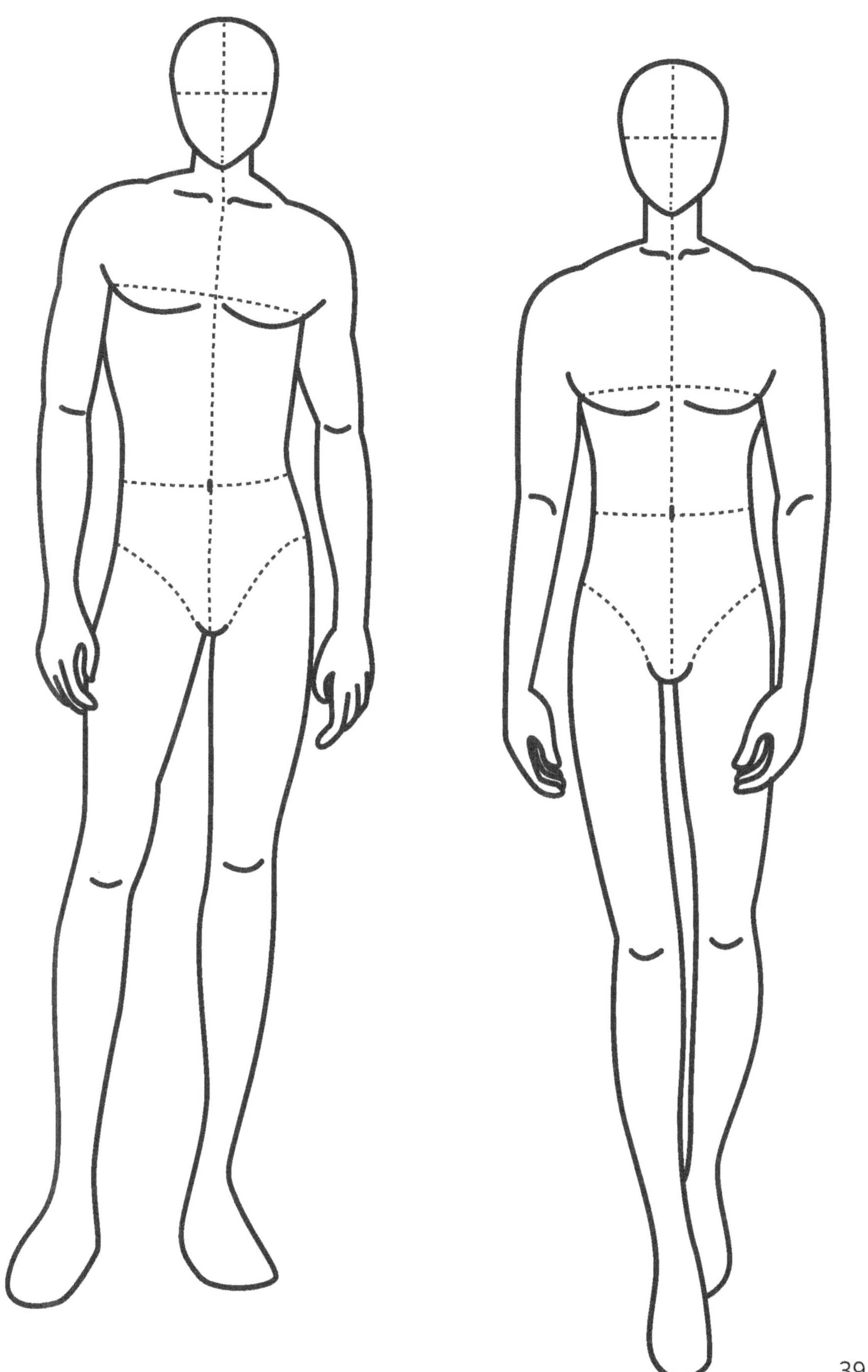

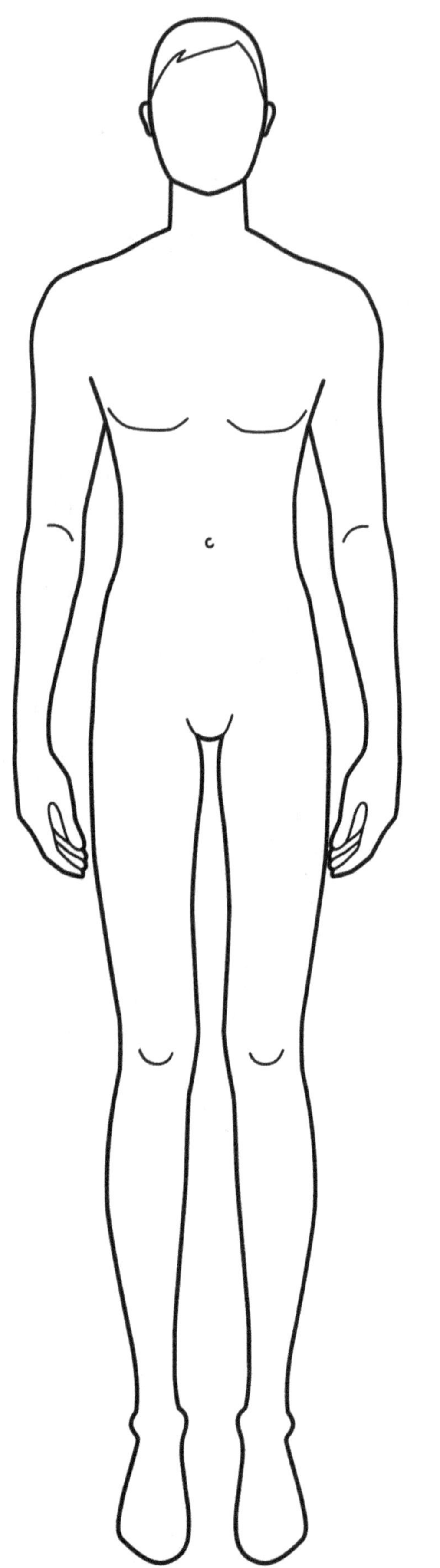
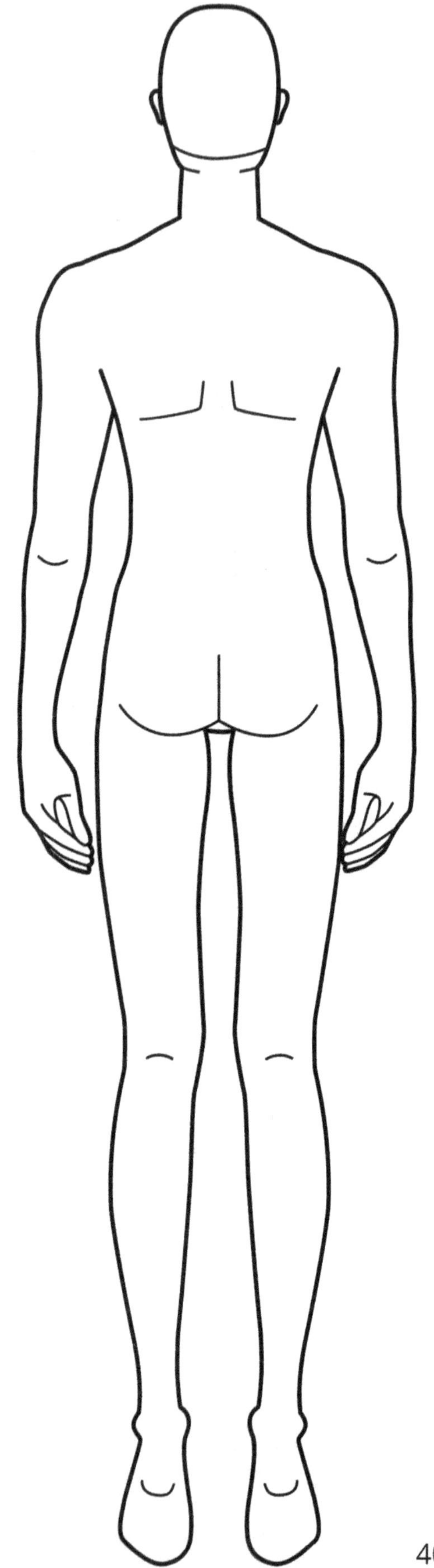

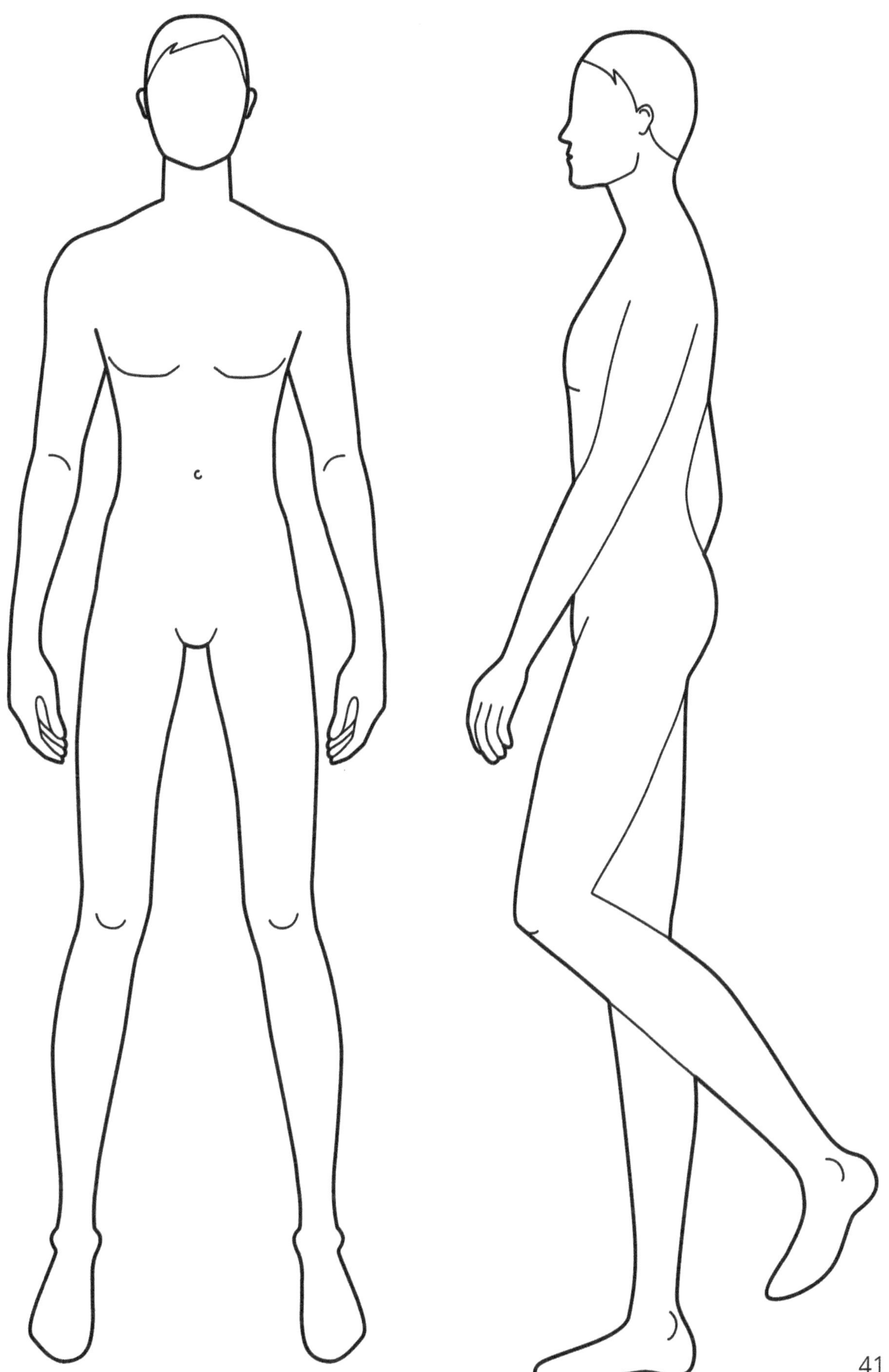

I tuoi appunti e foto d'ispirazione ⁴²

Questa pagina è il tuo moodboard personale. Usala per documentare i tuoi esperimenti di stile, catturare ispirazioni e costruire un archivio del tuo percorso di design.

- Incolla ritagli di riviste, campioni di tessuto o schizzi di outfit.
- Scrivi cosa ha funzionato, cosa vorresti migliorare e come immagini il capo nella realtà.
- Tieni traccia di temi o forme ricorrenti che definiscono la tua estetica.

Suggerimento Pro*: Le collezioni più forti nascono spesso da piccole idee. Conserva tutto ciò che attira la tua attenzione - potrebbe diventare il seme del tuo prossimo grande design.*

Ispirazione Outfit:
Office Chic e Runway Glam

Classico Completo da Ufficio + Smoking da Red Carpet

Ispirazione Office Chic

Il classico completo da ufficio è la base dello stile professionale maschile. Un abito su misura in blu navy o grigio antracite, con camicia bianca e cravatta semplice, comunica autorevolezza. Scarpe oxford lucide e una valigetta in pelle completano l'immagine di professionalità. Dettagli discreti come gemelli o un fazzoletto da taschino aggiungono raffinatezza senza eccessi.

Ispirazione Runway Glam

Nulla grida "red carpet" come uno smoking perfettamente tagliato. Il nero resta un classico, ma tonalità gioiello o velluti pregiati aggiungono intensità. Abbina scarpe in vernice e papillon per una finitura elegante. I tagli slim donano un tocco moderno, mentre i modelli doppiopetto richiamano l'eleganza intramontabile.

Guida alla Pratica di Moda e Appunti

Gli schizzi rapidi mantengono vive le idee. Non esitare: cattura subito l'immagine che ti viene in mente, anche se grezza. Il lavoro veloce porta spesso a risultati originali e spontanei.

Come usare questa pagina:
- Fai uno schizzo di riscaldamento da 5 minuti.
- Concentrati su un solo capo: camicia, pantaloni o scarpe.
- Annota tessuti scelti e note di stile.

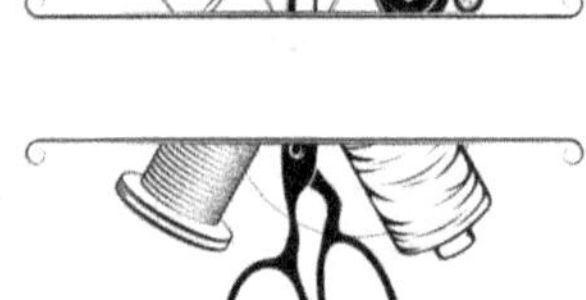

Riflessione e appunti:
- La velocità mi ha aiutato a semplificare?
- Quale elemento risulta più forte?
- Cosa potrei migliorare la prossima volta?

Suggerimento Pro: *Disegnare velocemente affina la chiarezza e l'istinto creativo.*

____

____

____

____

____

____

____

Ispirazione Outfit: Streetwear

Streetwear Ispirato allo Sport

All'incrocio tra abbigliamento sportivo e stile urbano nasce lo streetwear sportivo. Pensa a joggers con polsini elastici, sneakers slanciate, felpe oversize e cappellini da baseball.

Questo look trae ispirazione dal mondo sportivo ma la traduce in moda quotidiana. Le sovrapposizioni sono fondamentali: un bomber sopra una felpa con cappuccio o una giacca con bande laterali creano subito dinamismo.

Il fascino di questo stile sta nel movimento e nel comfort: è facile da indossare ma resta curato se ben bilanciato. I colori ricordano le divise sportive - nero, bianco, rosso e combinazioni a blocchi.

Suggerimento Pro: *Abbina le sneakers a un elemento dell'outfit - la felpa, una riga dei pantaloni o il cappellino. Quel piccolo dettaglio crea coesione e fa sembrare il look studiato, non casuale.*

Tendenze

Ispirazione

Tessuti

Appunti

Dettagli

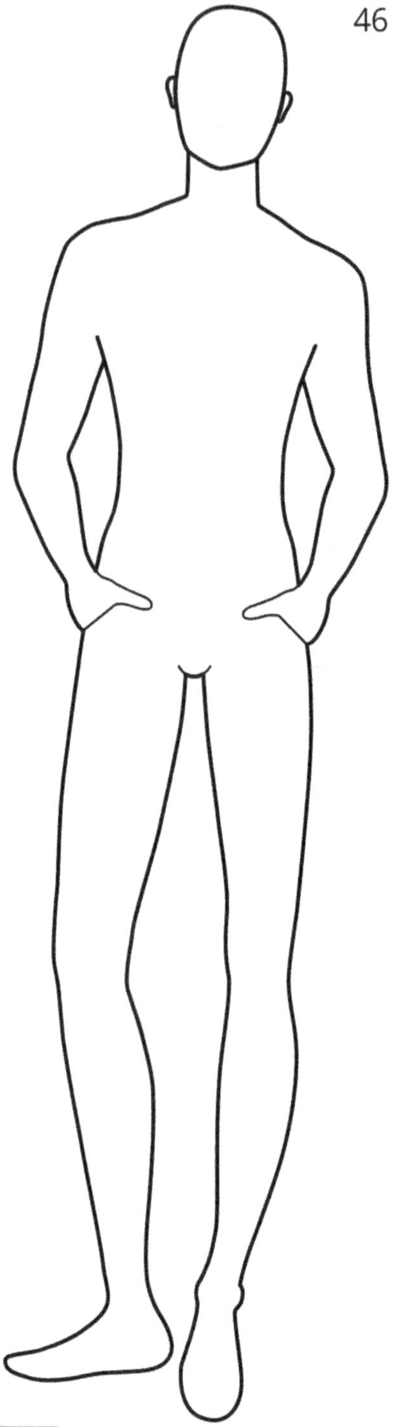

Campioni
di tessuto

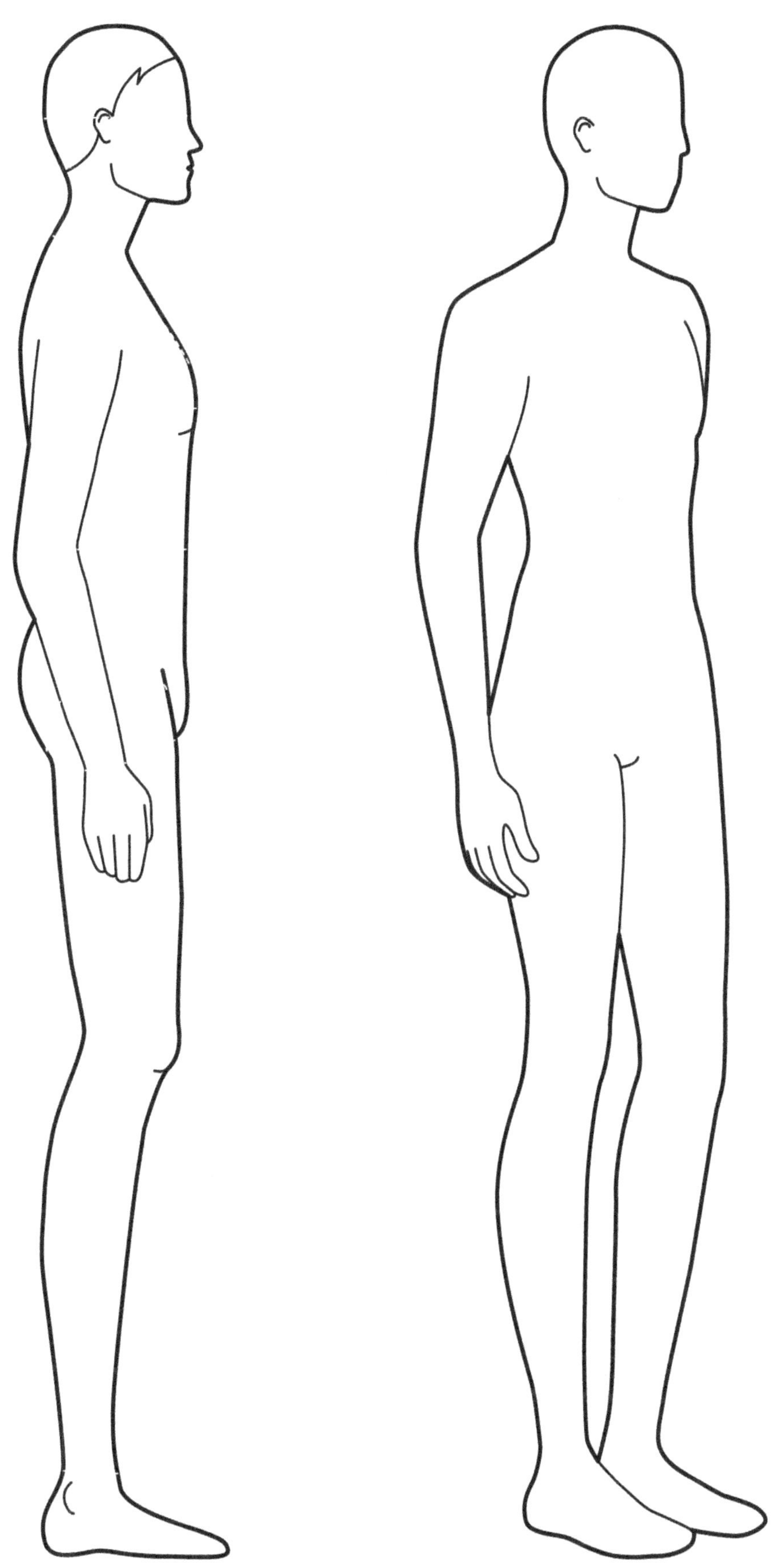

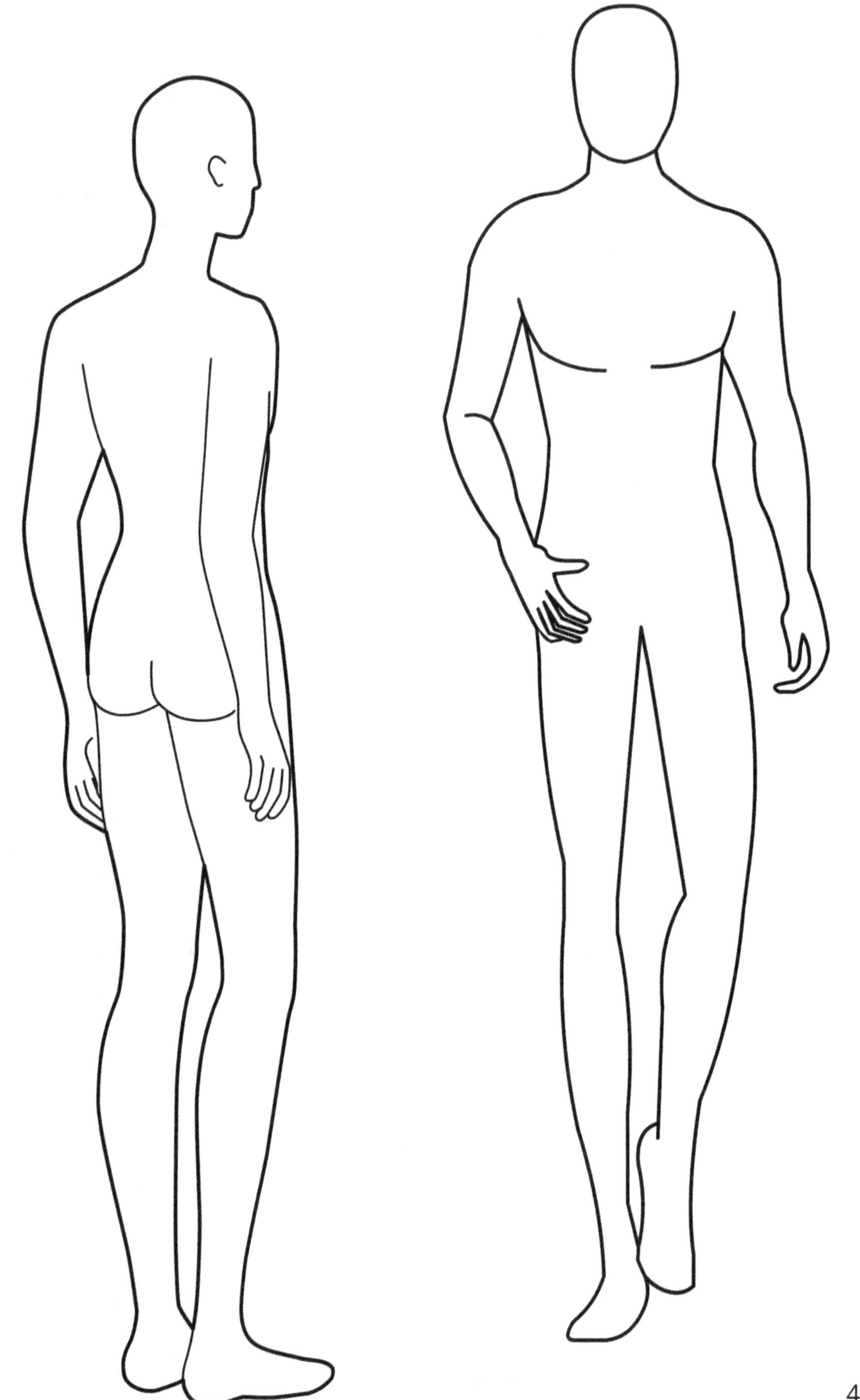

I tuoi appunti e foto d'ispirazione ⁴⁹

Questa pagina è il tuo moodboard personale. Usala per documentare i tuoi esperimenti di stile, catturare ispirazioni e costruire un archivio del tuo percorso di design.

- Incolla ritagli di riviste, campioni di tessuto o schizzi di outfit.
- Scrivi cosa ha funzionato, cosa vorresti migliorare e come immagini il capo nella realtà.
- Tieni traccia di temi o forme ricorrenti che definiscono la tua estetica.

Suggerimento Pro*: Le collezioni più forti nascono spesso da piccole idee. Conserva tutto ciò che attira la tua attenzione - potrebbe diventare il seme del tuo prossimo grande design.*

Ispirazione Outfit:
Office Chic e Runway Glam

Workwear Minimalista + Moda Futuristica Maschile

Ispirazione Office Chic

Il minimalismo nell'abbigliamento da ufficio maschile si basa su linee pulite e palette sobrie. Abbina pantaloni slim a un maglione leggero o a una camicia a tinta unita. Le scarpe devono restare eleganti - mocassini o sneakers in pelle danno un tocco moderno senza perdere professionalità. Questo look comunica concentrazione, semplicità e stile contemporaneo.

Ispirazione Runway Glam

La moda futuristica maschile è audace ed esperimentale. Immagina tessuti metallici, capispalla scultorei o tagli asimmetrici. Toni argento, cromati o con riflessi olografici creano un effetto innovativo. Le calzature possono combinare materiali insoliti, fondendo moda e tecnologia.

Guida alla Pratica di Moda e Appunti

L'abbigliamento comunica personalità. Usa questa pagina per creare un outfit ispirato a uno stile di vita, un'emozione o una situazione.

Come usare questa pagina:
- Scegli un tema (sport, viaggio, vita urbana).
- Esprimilo attraverso tagli, accessori e tessuti.
- Scrivi come ogni dettaglio sostiene il tema scelto.

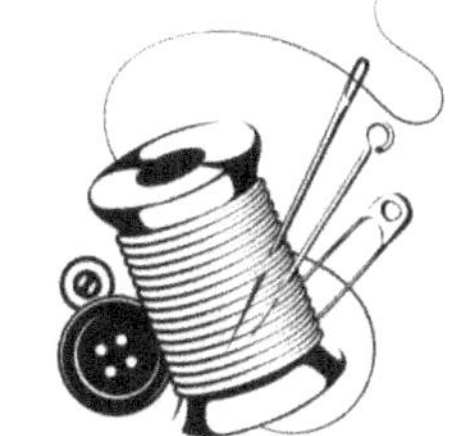

Riflessione e appunti:
- Sono riuscito a catturare l'atmosfera voluta?
- Quale parte dell'outfit racconta meglio la storia?
- Come potrei sviluppare ulteriormente il concetto?

Suggerimento Pro: Lo stile maschile diventa potente quando riflette l'identità personale.

Ispirazione Outfit: Streetwear

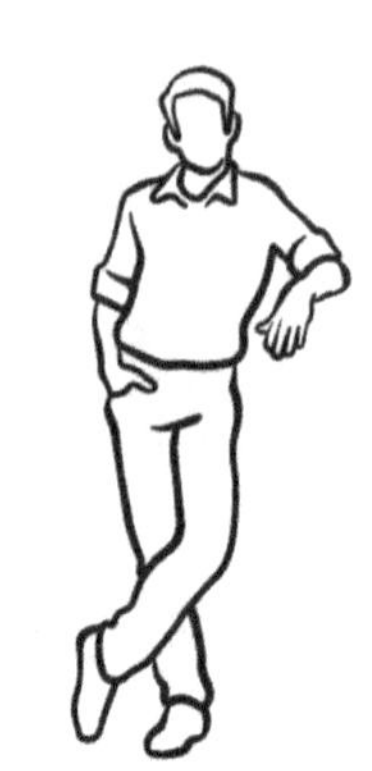

Oversize e Rilassato

Lo streetwear oversize nasce dal comfort ma diventa una dichiarazione di stile. Immagina una felpa ampia, jeans larghi e sneakers robuste. Aggiungi un bucket hat o un berretto oversize e l'outfit diventa subito urbano e contemporaneo.

Ma non si tratta solo di abiti larghi: le proporzioni vanno pensate. Pantaloni molto ampi con un top oversize possono sbilanciare la figura; meglio equilibrare con un capo più aderente. L'oversize offre libertà di movimento e autoespressione, e appare moderno se completato con strati o accessori decisi.

Suggerimento Pro: *Gioca con le proporzioni. Se la felpa è molto ampia, abbinala a joggers più aderenti. Se i pantaloni sono larghi, scegli una giacca corta o leggermente slim. Così il look resta audace ma portabile.*

Tendenze

Ispirazione

Tessuti

Appunti

Dettagli

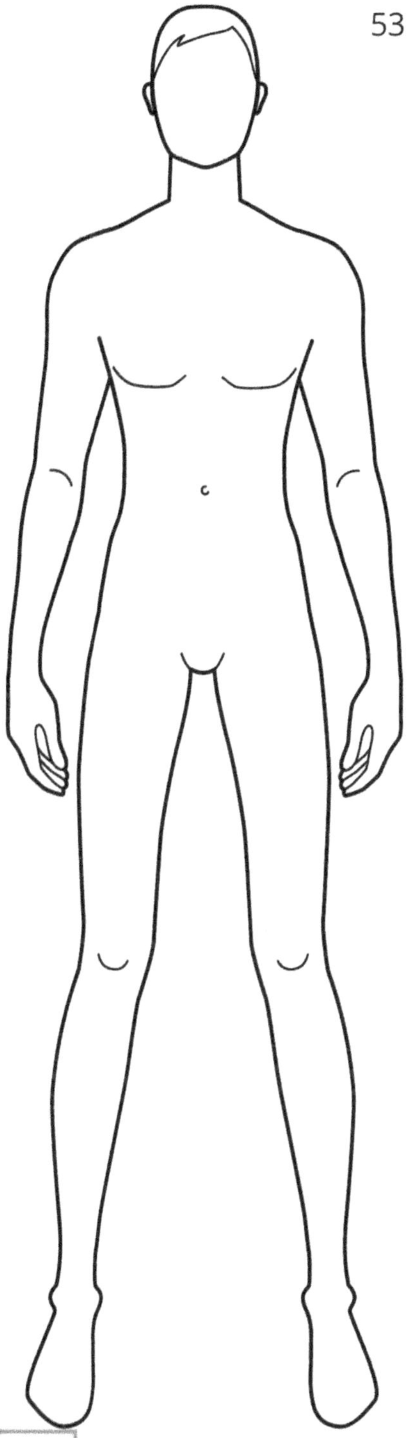

Campioni
di tessuto

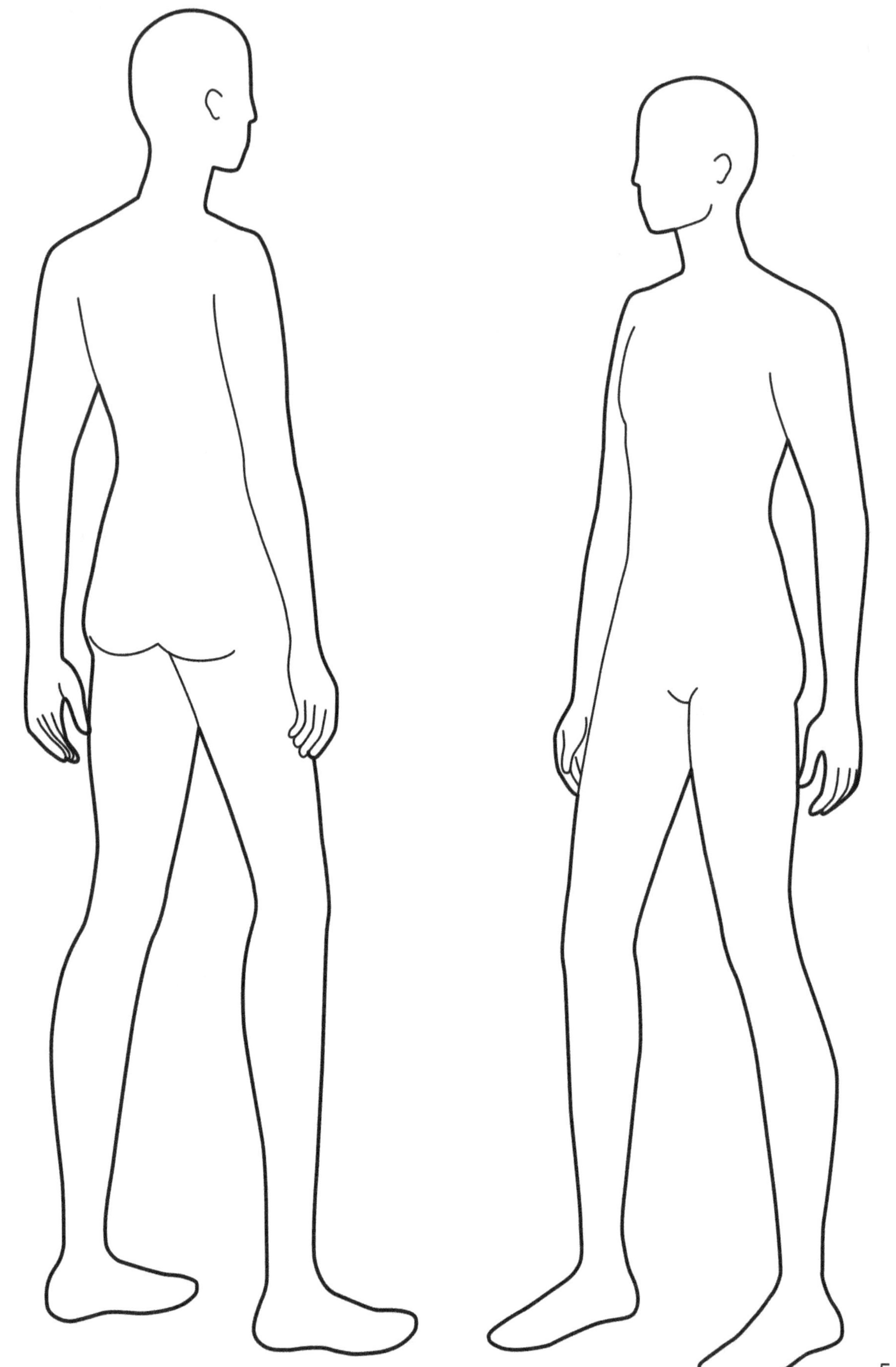

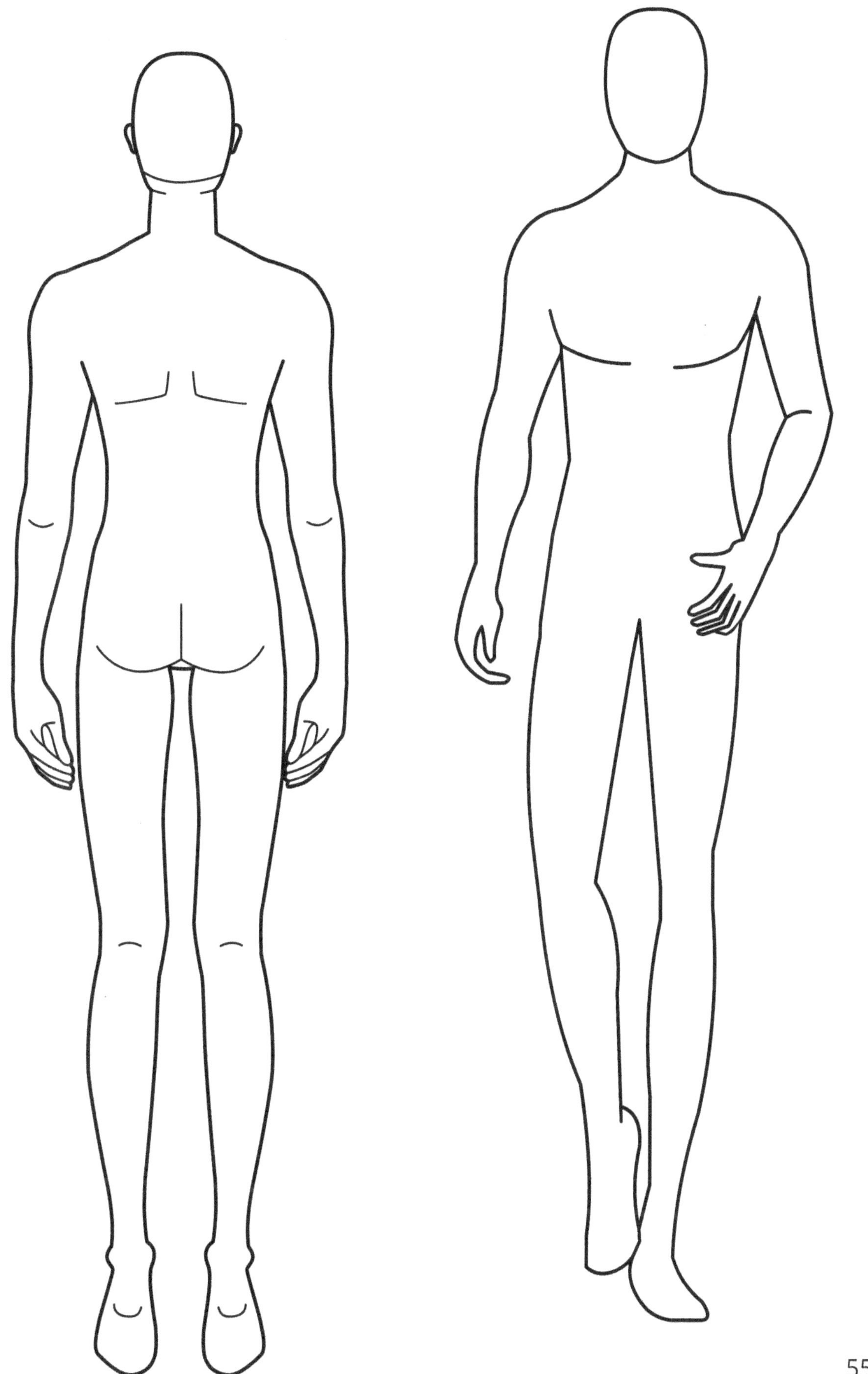

I tuoi appunti e foto d'ispirazione

Questa pagina è il tuo moodboard personale. Usala per documentare i tuoi esperimenti di stile, catturare ispirazioni e costruire un archivio del tuo percorso di design.

- Incolla ritagli di riviste, campioni di tessuto o schizzi di outfit.
- Scrivi cosa ha funzionato, cosa vorresti migliorare e come immagini il capo nella realtà.
- Tieni traccia di temi o forme ricorrenti che definiscono la tua estetica.

Suggerimento Pro*: Le collezioni più forti nascono spesso da piccole idee. Conserva tutto ciò che attira la tua attenzione - potrebbe diventare il seme del tuo prossimo grande design.*

Ispirazione Outfit:
Office Chic e Runway Glam

Professionista Creativo + Glam da Festival

Ispirazione Office Chic

Nel mondo creativo, gli uomini possono esprimere la propria personalità anche al lavoro. Camicie fantasia, blazer rilassati o pantaloni in tonalità insolite aggiungono carattere all'ambiente professionale. Sciarpe leggere o maglie con texture arricchiscono il look senza perdere eleganza.

Ispirazione Runway Glam

Il glam da festival è vivace e pieno di energia. Giacche con paillettes, denim decorato e stampe audaci dominano la scena. Frange, ricami e accessori metallici esaltano lo spirito festoso. Questi look brillano sotto le luci, trasmettendo fiducia e creatività.

Guida alla Pratica di Moda e Appunti

L'innovazione nasce dal contrasto. Questa pagina è il tuo laboratorio per mescolare codici di stile diversi e superare i limiti.

Come usare questa pagina:
- Combina casual e formale (felpa con blazer).
- Sperimenta tagli oversize e sartoriali insieme.
- Annota cosa crea armonia e cosa invece contrasta troppo.

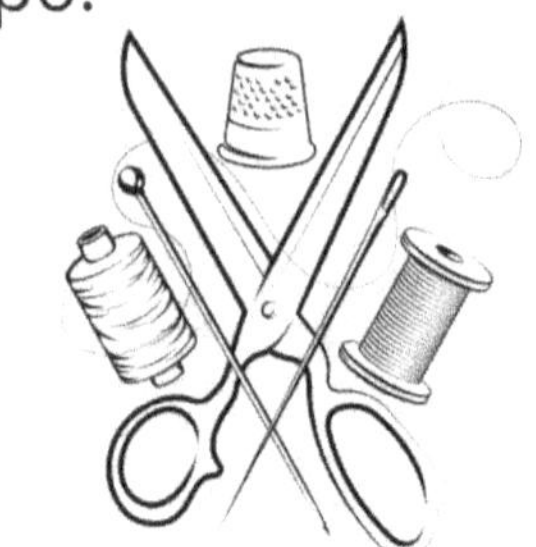

Riflessione e appunti:
- Quale combinazione mi ha sorpreso di più?
- Il mix risulta equilibrato o caotico?
- Questo design funzionerebbe nella realtà?

Suggerimento Pro: *Le fusioni inaspettate spesso generano i look maschili più freschi.*

____

____

____

____

____

____

____

____

Ispirazione Outfit: Streetwear

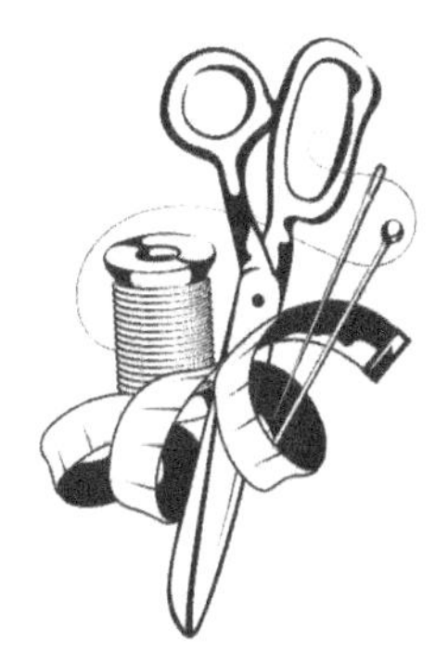

Denim Street Style

Il denim è un pilastro dello streetwear da decenni, e la chiave è la varietà. Jeans strappati, giacche consumate, patchwork e lavaggi misti mantengono lo stile dinamico e sperimentale. Stratificare denim su t-shirt grafiche o felpe crea un look grezzo ma curato. Questo stile celebra l'effetto "vissuto" - più un capo appare unico e usato, più trasmette carattere.

Il doppio denim funziona se bilanciato: una giacca chiara con jeans scuri, o viceversa. Accessori come catene, cappellini o sneakers completano il look. Il denim streetwear è ideale per i giorni casual in cui vuoi un tocco grintoso.

Suggerimento Pro: Evita di abbinare tonalità di denim identiche. Gioca con contrasti chiaro/scuro o inserisci un capo colorato (come una felpa accesa) per spezzare la monotonia.

Tendenze

Ispirazione

Tessuti

Appunti

Dettagli

Campioni
di tessuto

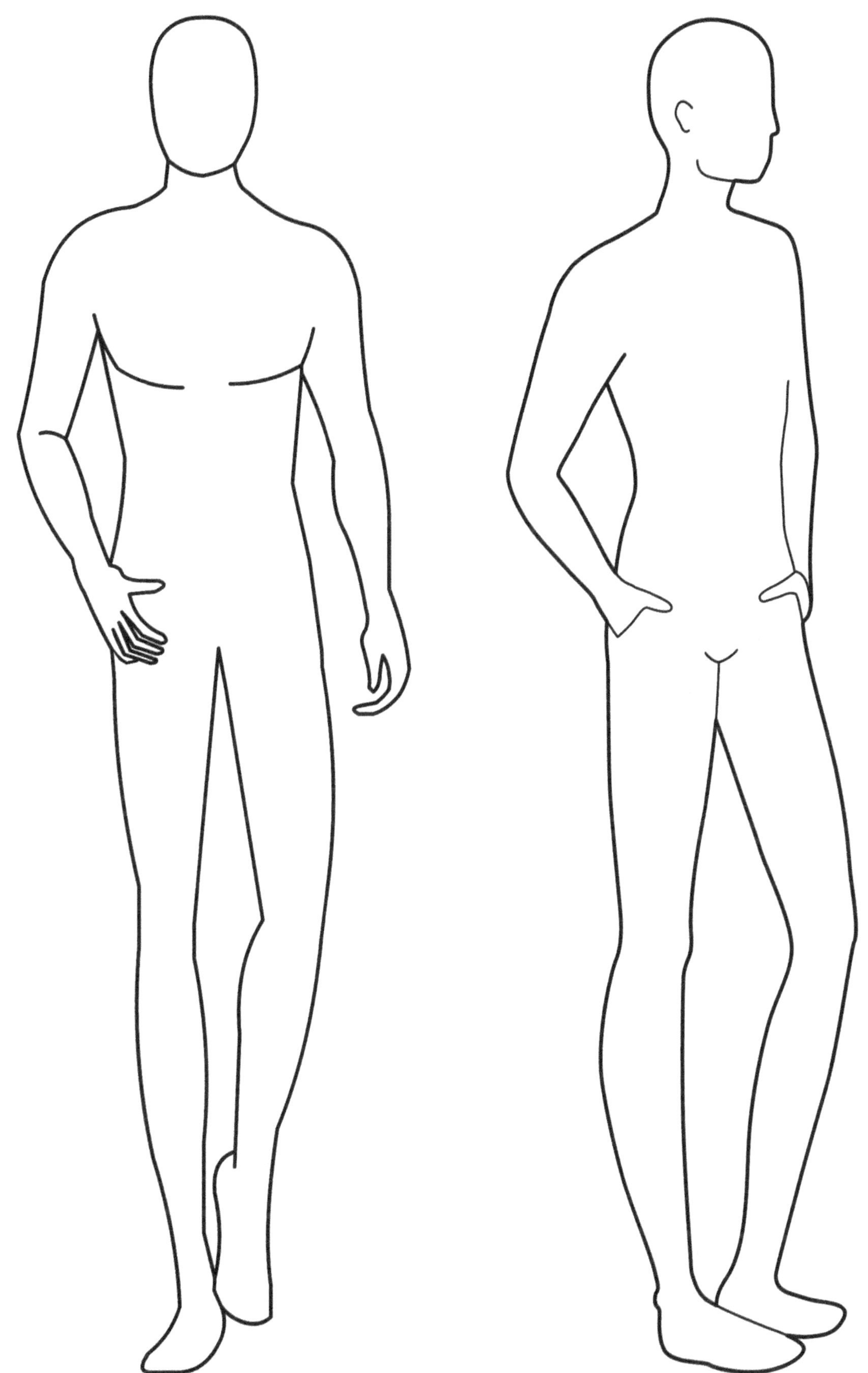

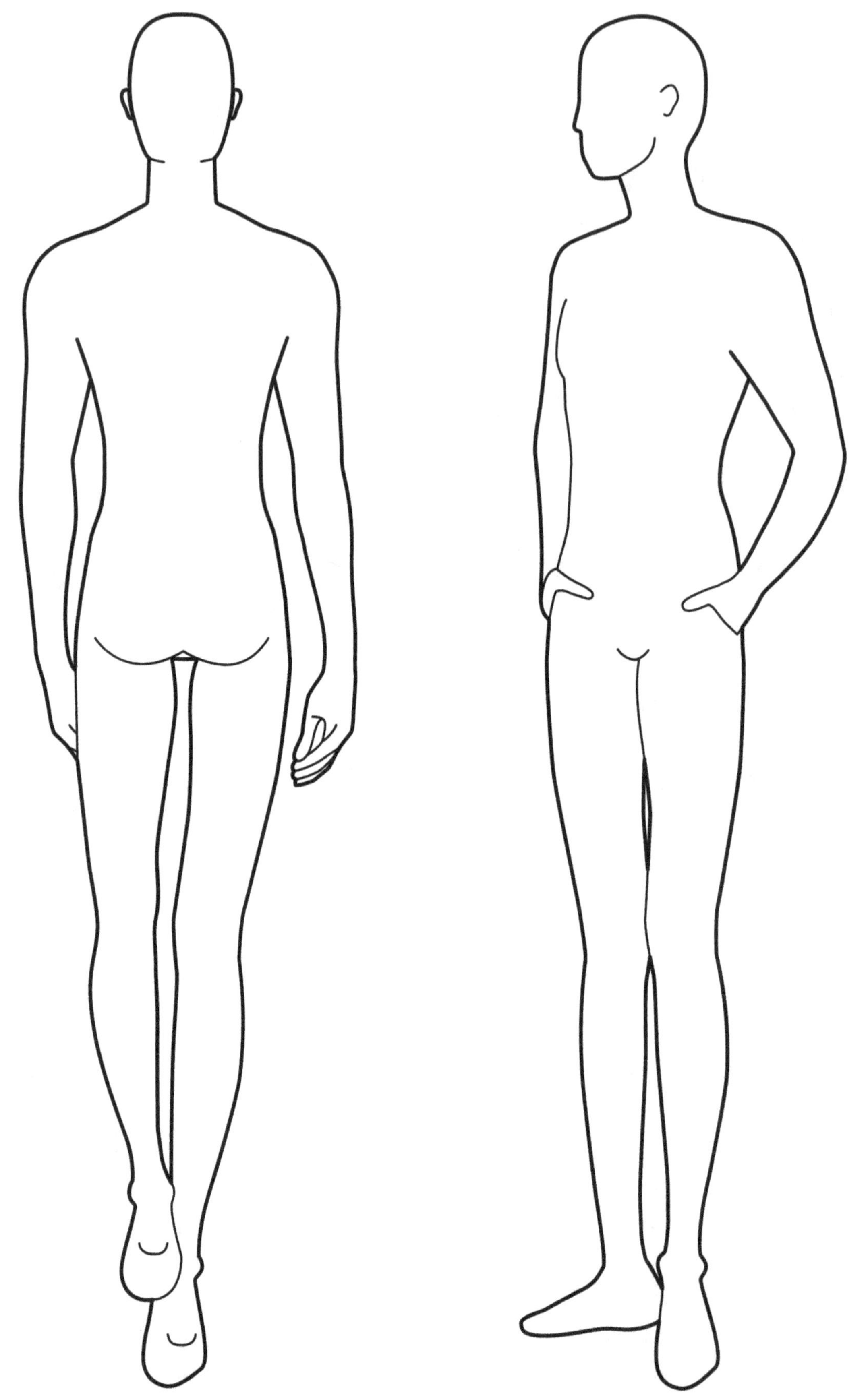

I tuoi appunti e foto d'ispirazione

Questa pagina è il tuo moodboard personale. Usala per documentare i tuoi esperimenti di stile, catturare ispirazioni e costruire un archivio del tuo percorso di design.

- Incolla ritagli di riviste, campioni di tessuto o schizzi di outfit.
- Scrivi cosa ha funzionato, cosa vorresti migliorare e come immagini il capo nella realtà.
- Tieni traccia di temi o forme ricorrenti che definiscono la tua estetica.

Suggerimento Pro: *Le collezioni più forti nascono spesso da piccole idee. Conserva tutto ciò che attira la tua attenzione - potrebbe diventare il seme del tuo prossimo grande design.*

Ispirazione Outfit:
Office Chic e Runway Glam

Power Suiting + Moda Sostenibile Maschile

Ispirazione Office Chic

Il power suiting si basa su tagli netti e presenza decisa. Blazer strutturati con spalle ampie, camicie aderenti e pantaloni slim trasmettono autorevolezza. Toni scuri come blu o nero e scarpe lucidate completano il look. Gli accessori restano minimi ma mirati.

Ispirazione Runway Glam

Il glam sostenibile dimostra che la moda maschile può essere etica e raffinata. Capi realizzati con tessuti riciclati o fibre naturali creano un impatto elegante. Toni neutri, tagli puliti e accessori eco-consapevoli definiscono un lusso responsabile e moderno.

Guida alla Pratica di Moda e Appunti

La moda maschile riguarda anche la praticità. I capi devono unire stile, comfort e funzionalità.

Come usare questa pagina:
- Disegna un outfit per un uso specifico (lavoro, palestra, weekend).
- Considera movimento e comodità.
- Aggiungi note su tessuti e praticità.

Riflessione e appunti:

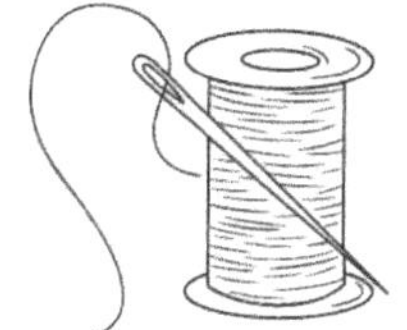

- Ho unito comfort e stile?
- Quale elemento è più funzionale?
- Come potrei adattare il design?

Suggerimento Pro: *La funzionalità dà alla moda maschile un fascino duraturo.*

Ispirazione Outfit: Streetwear

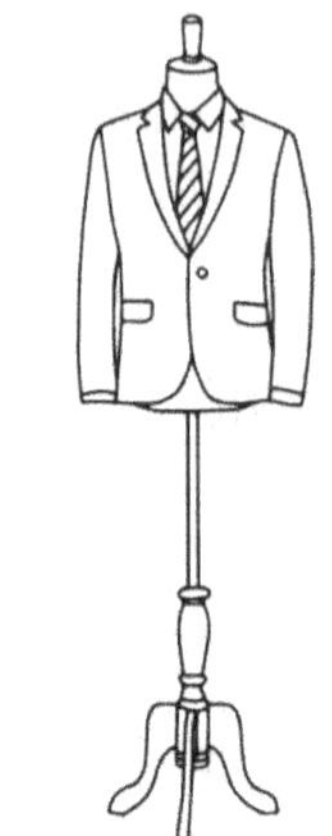

Monocromatico

Lo streetwear monocromatico è elegante, deciso e sorprendentemente versatile. Vestirsi dalla testa ai piedi in nero, bianco o beige crea un effetto uniforme e raffinato. Il segreto è nel gioco delle texture: felpe in cotone opaco, giacche in nylon lucido e sneakers in pelle aggiungono profondità pur restando nel medesimo tono.

I look monocromatici appaiono futuristici e intenzionali, perfetti sia per il giorno che per la sera. Il total black crea sempre una presenza forte, mentre il total white trasmette freschezza minimalista.

Suggerimento Pro*: Monocromatico non significa monotono - varia i materiali (denim, nylon, lana, pelle) per mantenere il look dinamico. Accessori come cappellini, cinture o collane sottili aggiungono contrasto senza rompere l'armonia.*

Tendenze

Ispirazione

Tessuti

Appunti

Dettagli

Campioni di tessuto

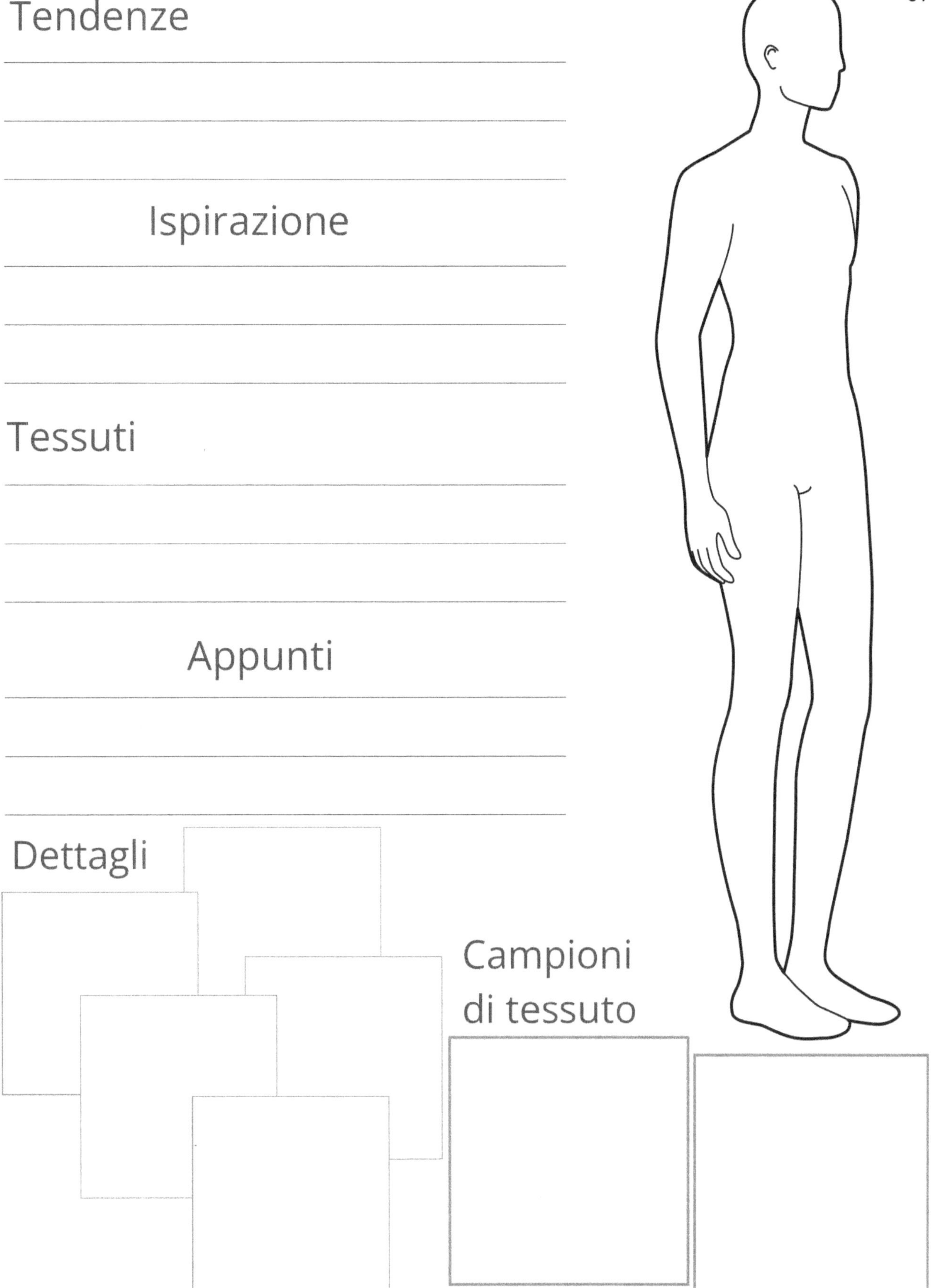

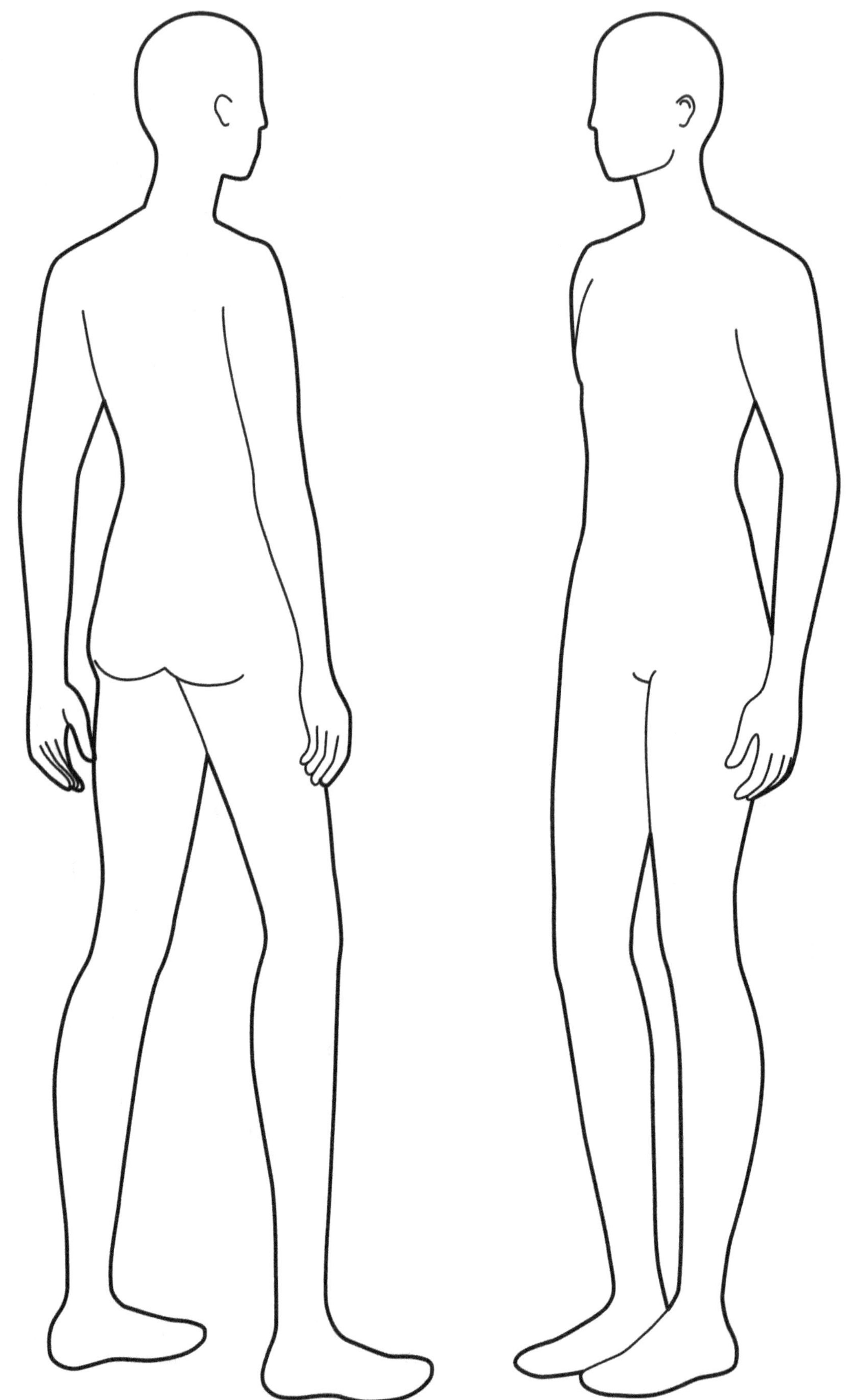

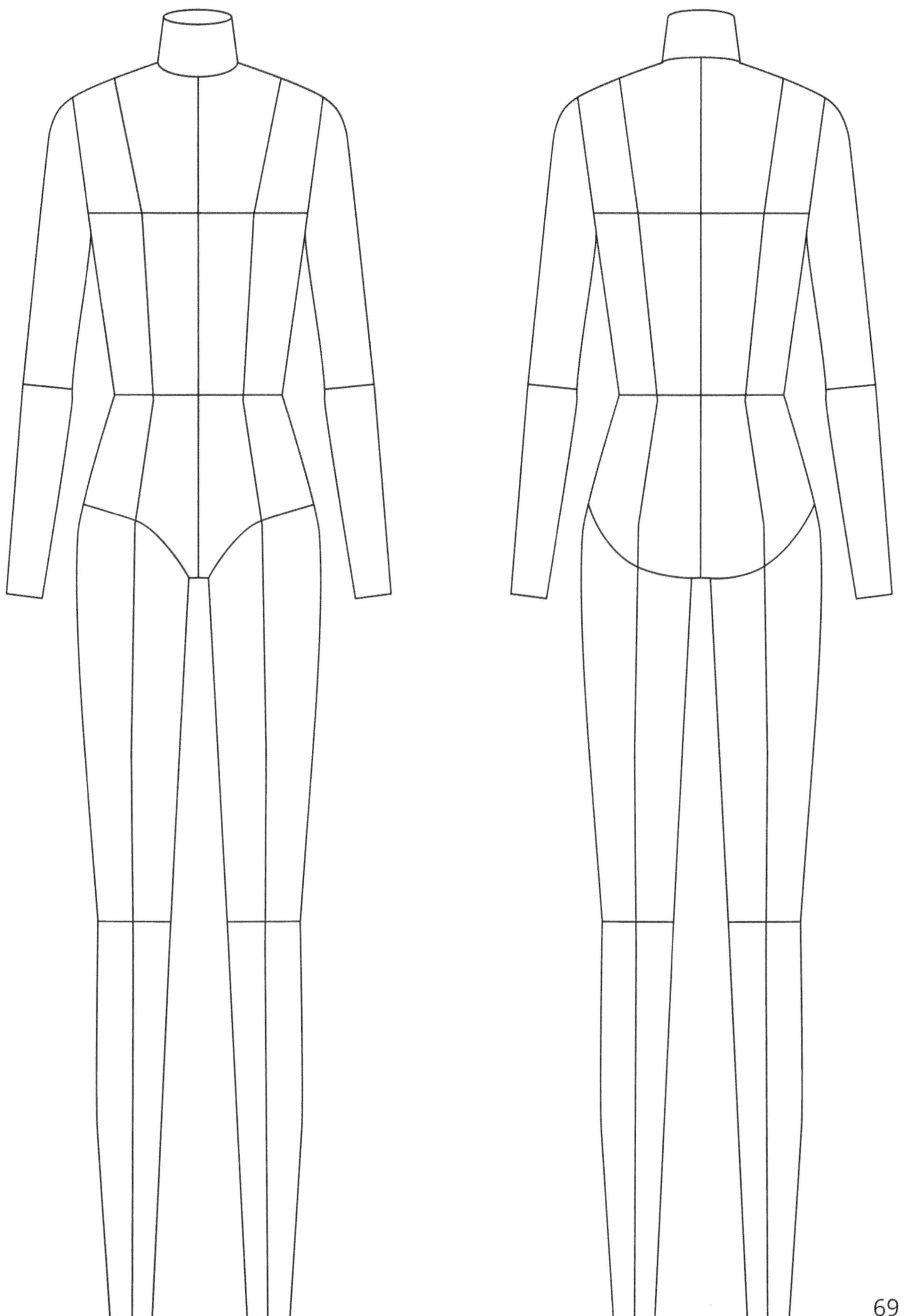

I tuoi appunti e foto d'ispirazione

Questa pagina è il tuo moodboard personale. Usala per documentare i tuoi esperimenti di stile, catturare ispirazioni e costruire un archivio del tuo percorso di design.

- Incolla ritagli di riviste, campioni di tessuto o schizzi di outfit.
- Scrivi cosa ha funzionato, cosa vorresti migliorare e come immagini il capo nella realtà.
- Tieni traccia di temi o forme ricorrenti che definiscono la tua estetica.

Suggerimento Pro: *Le collezioni più forti nascono spesso da piccole idee. Conserva tutto ciò che attira la tua attenzione - potrebbe diventare il seme del tuo prossimo grande design.*

Ispirazione Outfit:
Office Chic e Runway Glam

Casual Friday + Alta Moda Maschile

Ispirazione Office Chic

Il Casual Friday permette un'eleganza rilassata. Jeans scuri abbinati a un blazer e a una camicia ben stirata creano il giusto equilibrio. Mocassini o stivaletti Chelsea completano il look, mentre accessori come una cintura o un orologio in pelle mantengono un'aria professionale. Comfort e raffinatezza convivono perfettamente.

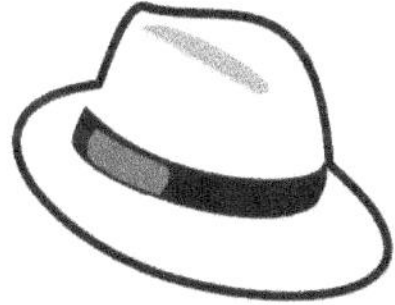

Ispirazione Runway Glam

L'alta moda maschile incarna artigianalità e creatività. Ricami cuciti a mano, tagli su misura e tessuti pregiati come seta o velluto danno vita a capi straordinari. Giacche con revers accentuati o ricami sovrapposti trasformano i capi quotidiani in vere opere d'arte.

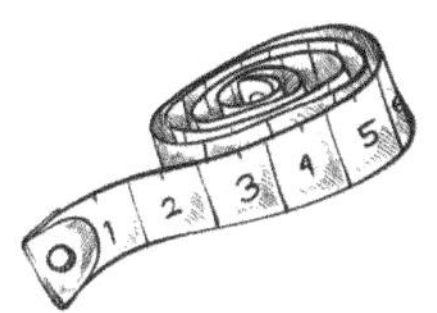

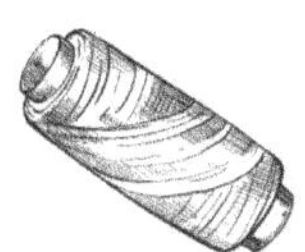

Guida alla Pratica di Moda e Appunti

Le texture danno profondità ai look maschili. Lana, denim, pelle o maglia possono cambiare completamente l'effetto di un outfit.

Come usare questa pagina:
- Disegna un outfit a strati e indica i tessuti.
- Mescola materiali pesanti e leggeri (cappotto in lana con t-shirt in cotone).
- Scrivi note su come interagiscono tra loro.

Riflessione e appunti:
- Quale combinazione ha funzionato meglio?
- Le texture hanno valorizzato la silhouette?
- Come potrei migliorare lo schizzo?

Suggerimento Pro: *La scelta dei materiali trasforma anche i design più semplici in dichiarazioni di stile.*

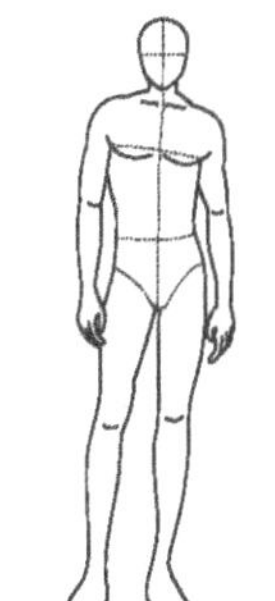

Ispirazione Outfit:
Streetwear

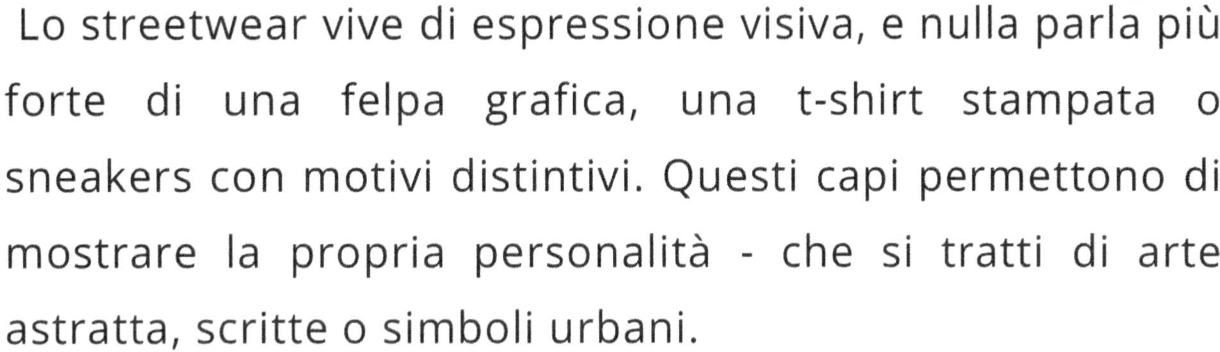

Grafiche e Stampe Audaci

Lo streetwear vive di espressione visiva, e nulla parla più forte di una felpa grafica, una t-shirt stampata o sneakers con motivi distintivi. Questi capi permettono di mostrare la propria personalità - che si tratti di arte astratta, scritte o simboli urbani.

Abbina le stampe forti a capi neutri per non sovraccaricare il look. Ad esempio, una felpa colorata con grafiche può essere bilanciata con joggers neri e sneakers semplici. La chiave è lasciare che un solo capo risalti, mantenendo il resto pulito.

Suggerimento Pro: *Un solo capo protagonista è sufficiente. Se indossi una felpa vistosa, mantieni pantaloni e scarpe neutri: il risultato sarà equilibrato e intenzionale.*

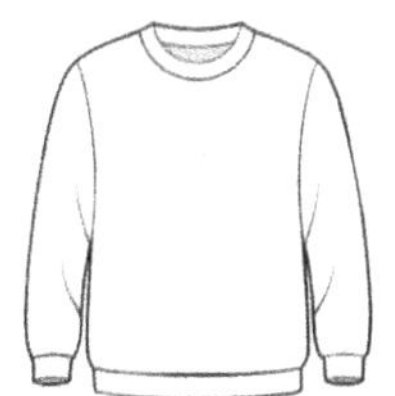

Tendenze

Ispirazione

Tessuti

Appunti

Dettagli

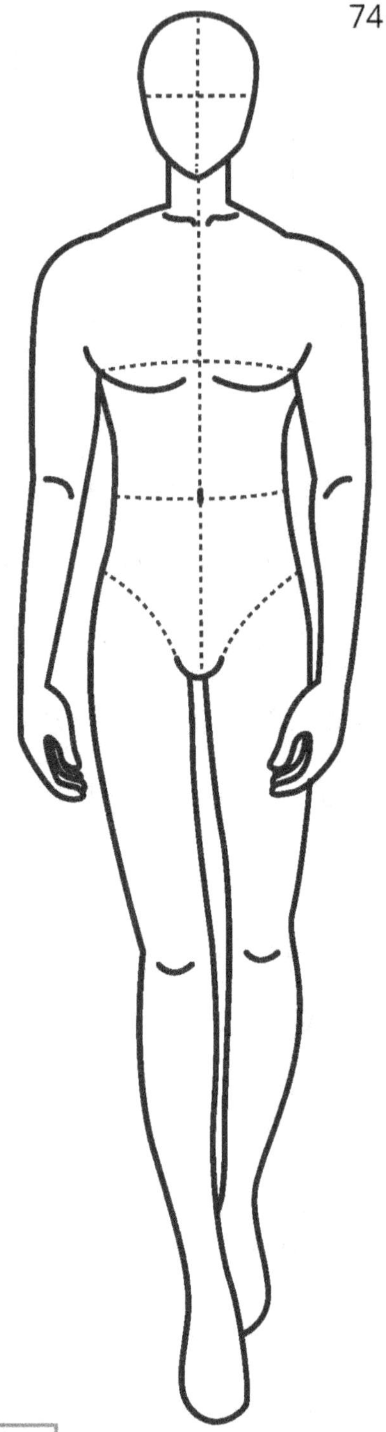

Campioni
di tessuto

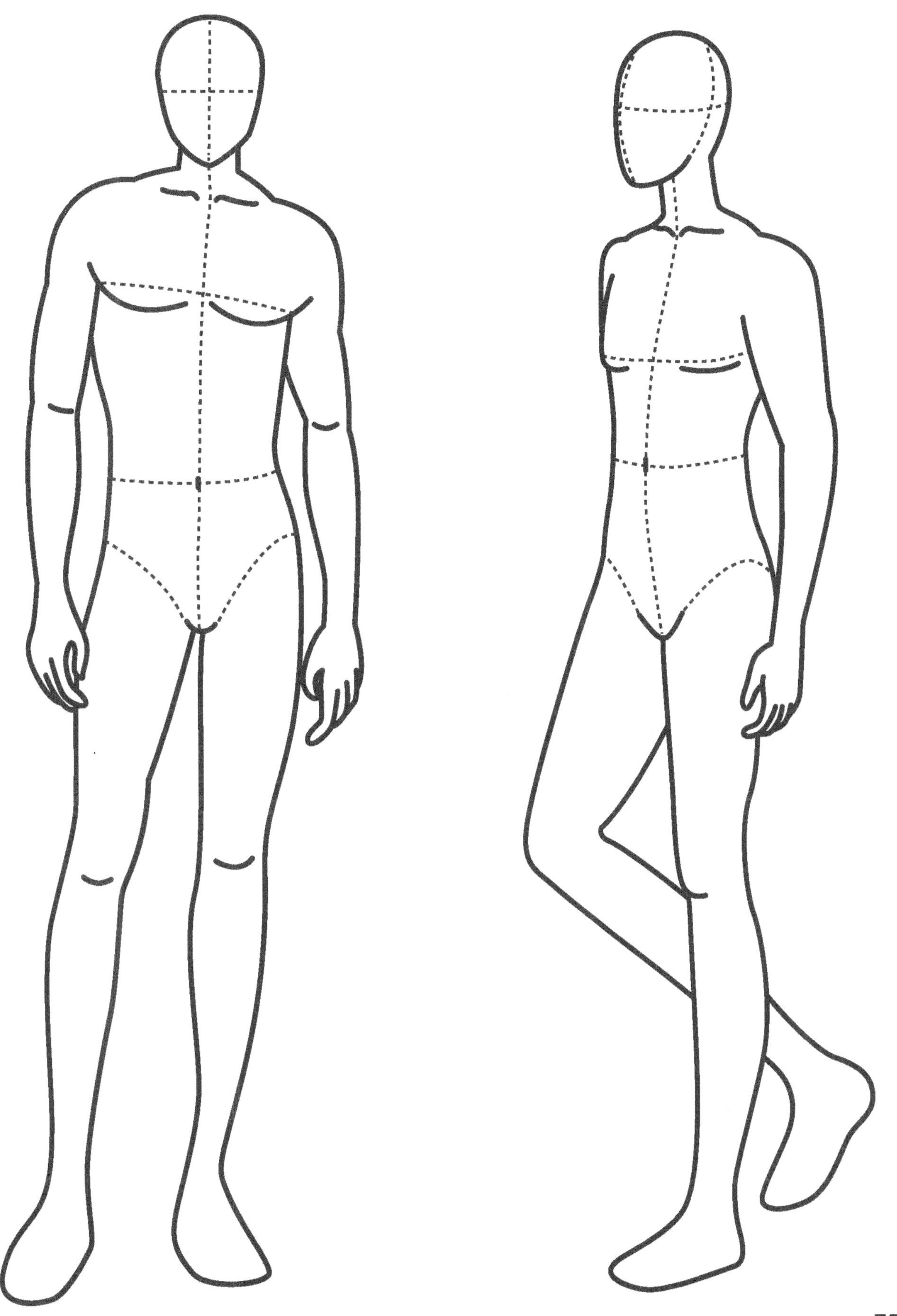

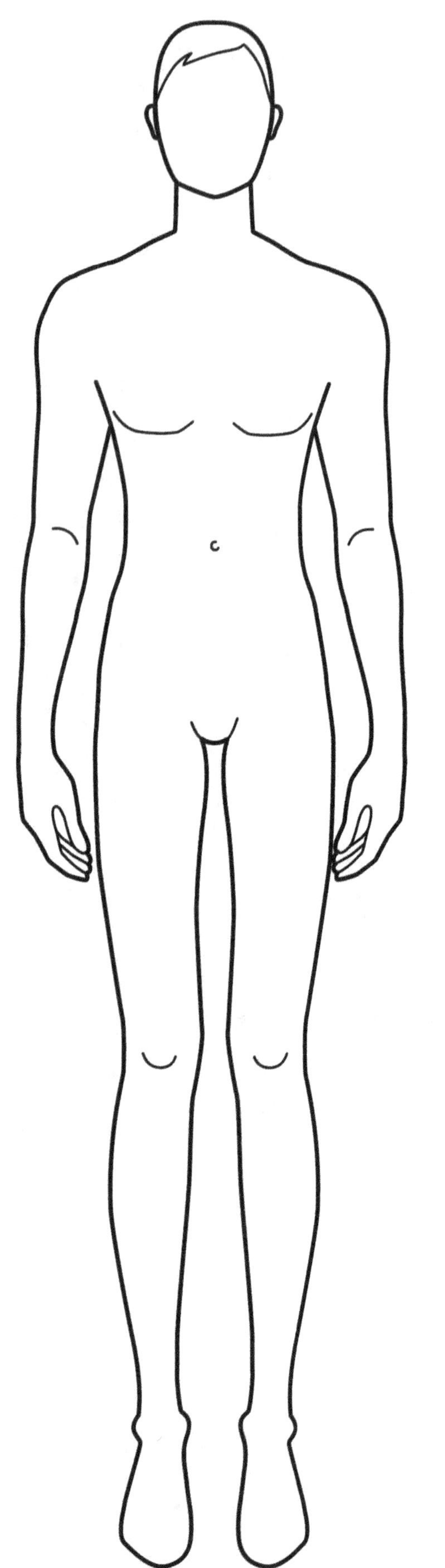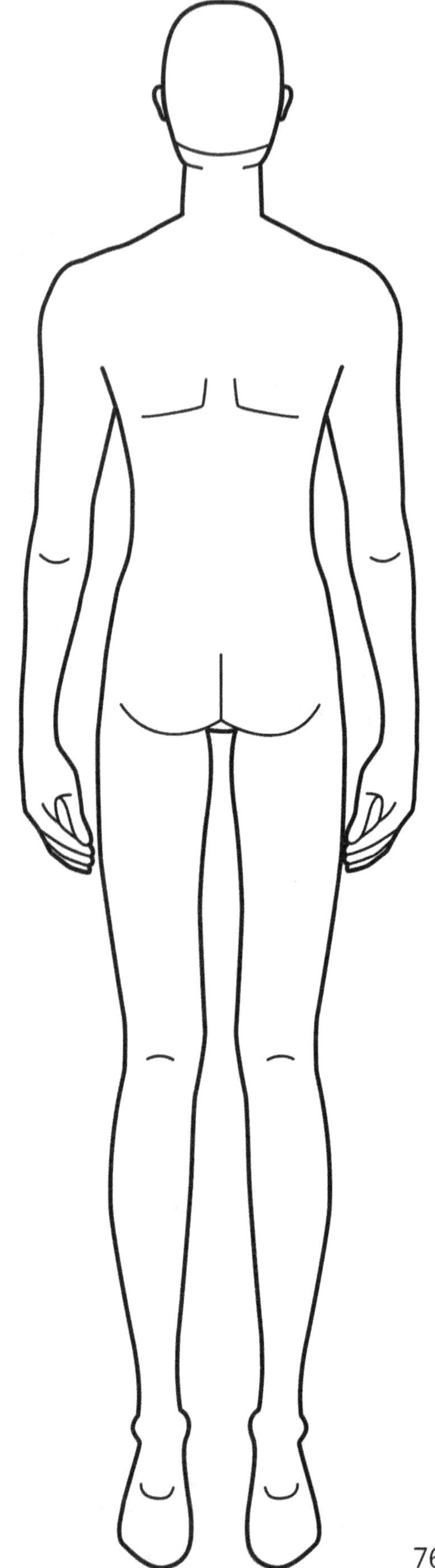

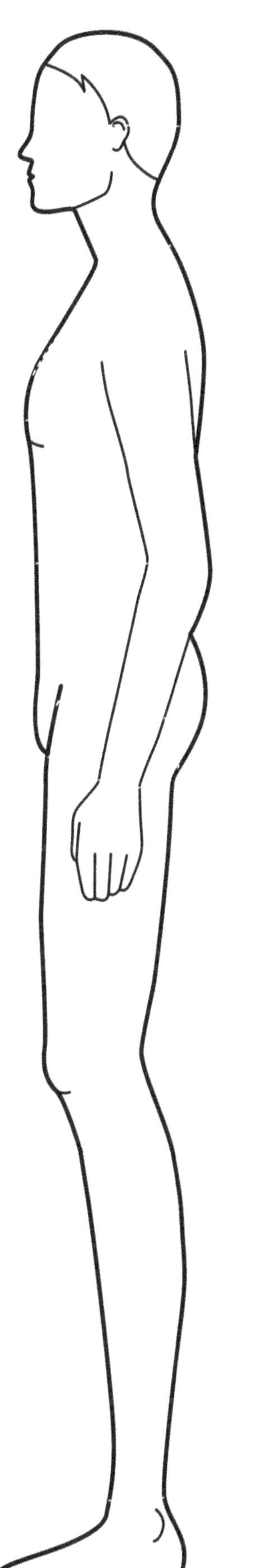
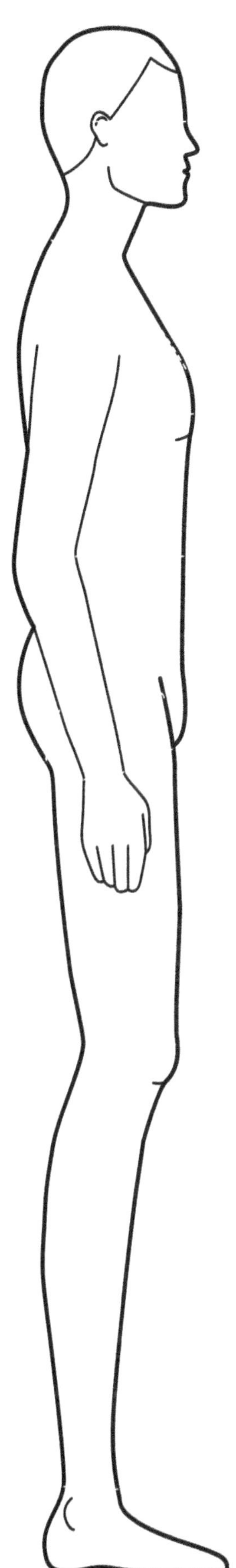

I tuoi appunti e foto d'ispirazione

Questa pagina è il tuo moodboard personale. Usala per documentare i tuoi esperimenti di stile, catturare ispirazioni e costruire un archivio del tuo percorso di design.

- Incolla ritagli di riviste, campioni di tessuto o schizzi di outfit.
- Scrivi cosa ha funzionato, cosa vorresti migliorare e come immagini il capo nella realtà.
- Tieni traccia di temi o forme ricorrenti che definiscono la tua estetica.

Suggerimento Pro: *Le collezioni più forti nascono spesso da piccole idee. Conserva tutto ciò che attira la tua attenzione - potrebbe diventare il seme del tuo prossimo grande design.*

Ispirazione Outfit:
Office Chic e Runway Glam

Stile Monocromatico da Ufficio + Glam Minimalista

Ispirazione Office Chic

Una palette monocromatica crea subito armonia. Un look tutto nero, grigio o blu navy, costruito con tessuti diversi, comunica eleganza e professionalità. Un blazer in lana, camicia in cotone e cintura in pelle dello stesso tono mostrano raffinatezza attraverso la semplicità.

Ispirazione Runway Glam

Il glam minimalista maschile è essenziale e deciso. Abiti su misura o cappotti strutturati in colori pieni esaltano le linee. Un solo accessorio d'effetto - una cintura metallica o scarpe particolari - aggiunge carattere. La bellezza sta nella misura e nei tagli precisi.

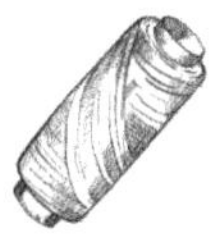

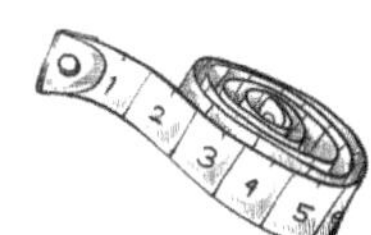

Guida alla Pratica di Moda e Appunti

Gli accessori definiscono lo stile maschile più di quanto si pensi. Usa questa pagina per osservare come modificano l'atmosfera di un outfit.

Come usare questa pagina:

- Parti da una base (camicia + pantaloni).
- Aggiungi 2-3 accessori diversi (orologio, borsa, cappello, scarpe).
- Scrivi quale combinazione risulta più efficace.

Riflessione e appunti:

- Quale accessorio ha dato più carattere?
- Ha dominato o valorizzato l'outfit?
- Come potrei migliorare l'equilibrio?

Suggerimento Pro: *Un singolo accessorio può trasformare un look casual in qualcosa di iconico.*

Ispirazione Outfit: Streetwear

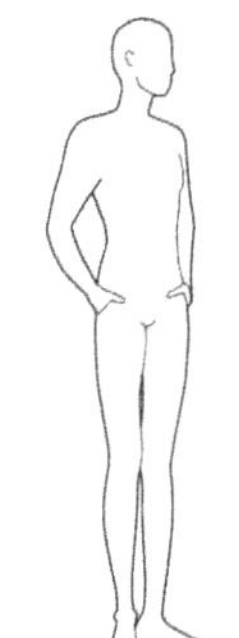

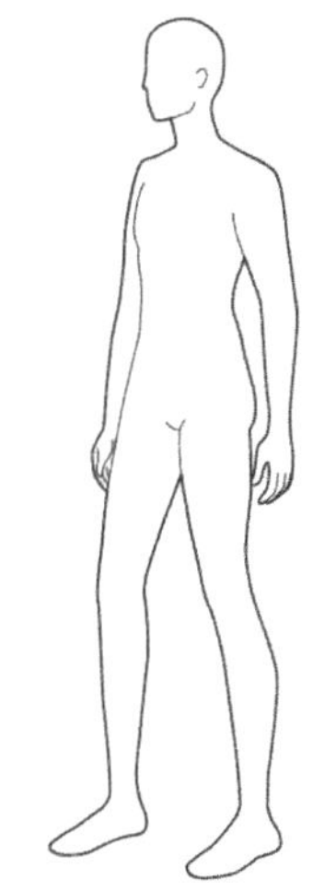

Streetwear Ispirato al Mondo Militare

Pantaloni cargo, stampe mimetiche, giacche utility e anfibi donano un tocco deciso e funzionale allo streetwear. Questo stile nasce dalla praticità: grandi tasche, tessuti resistenti e colori naturali come verde oliva, kaki e nero. Ma funzionale non significa noioso: una giacca mimetica con joggers slim o pantaloni cargo con una semplice felpa creano un look solido e moderno.

Perfetto per chi cerca un equilibrio tra robustezza e stile urbano.

Suggerimento Pro: *Mantieni una palette naturale - verde oliva, beige, kaki e nero - e aggiungi un tocco moderno, come sneakers pulite, per evitare l'effetto costume.*

81

Tendenze

Ispirazione

Tessuti

Appunti

Dettagli

Campioni di tessuto

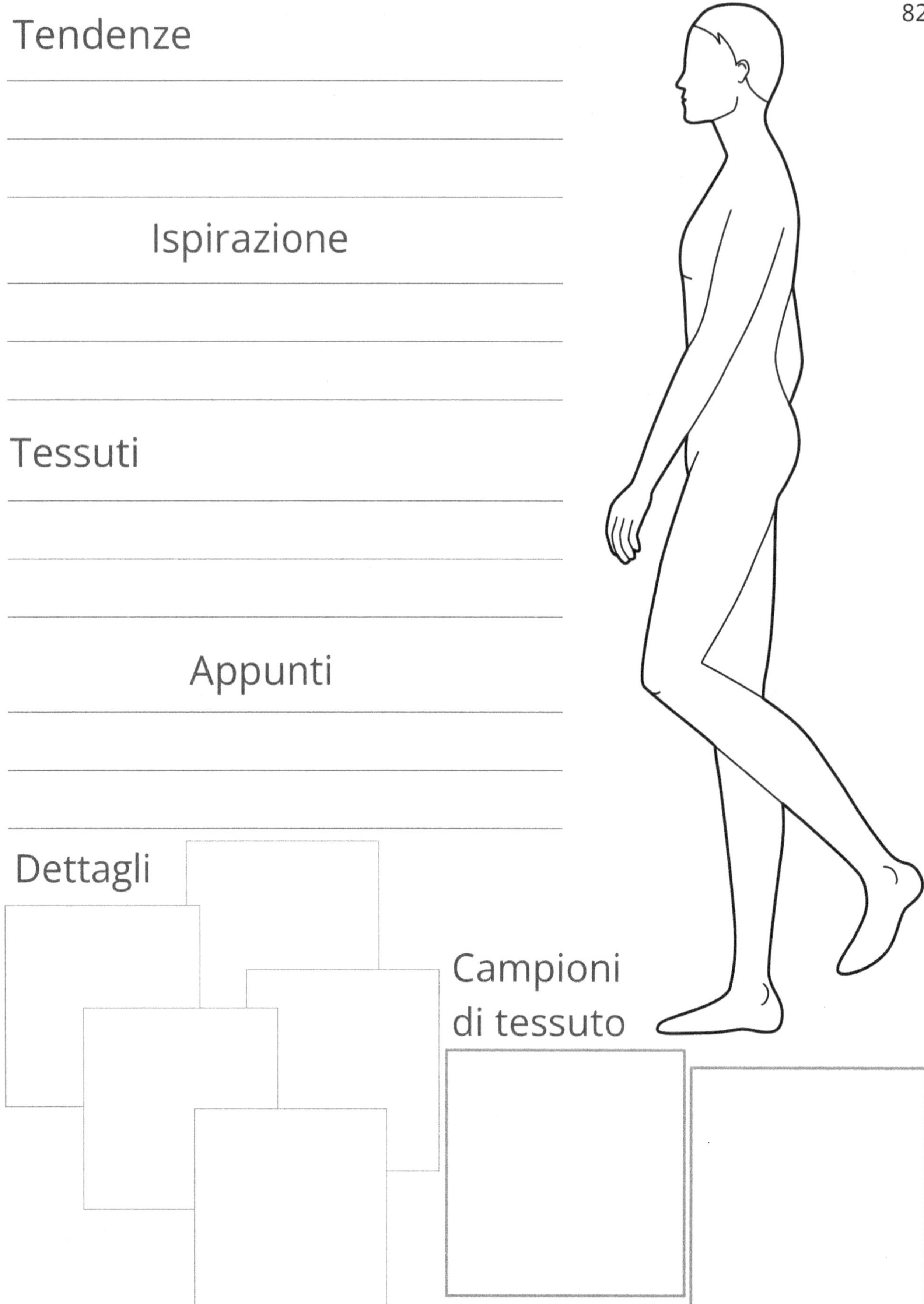

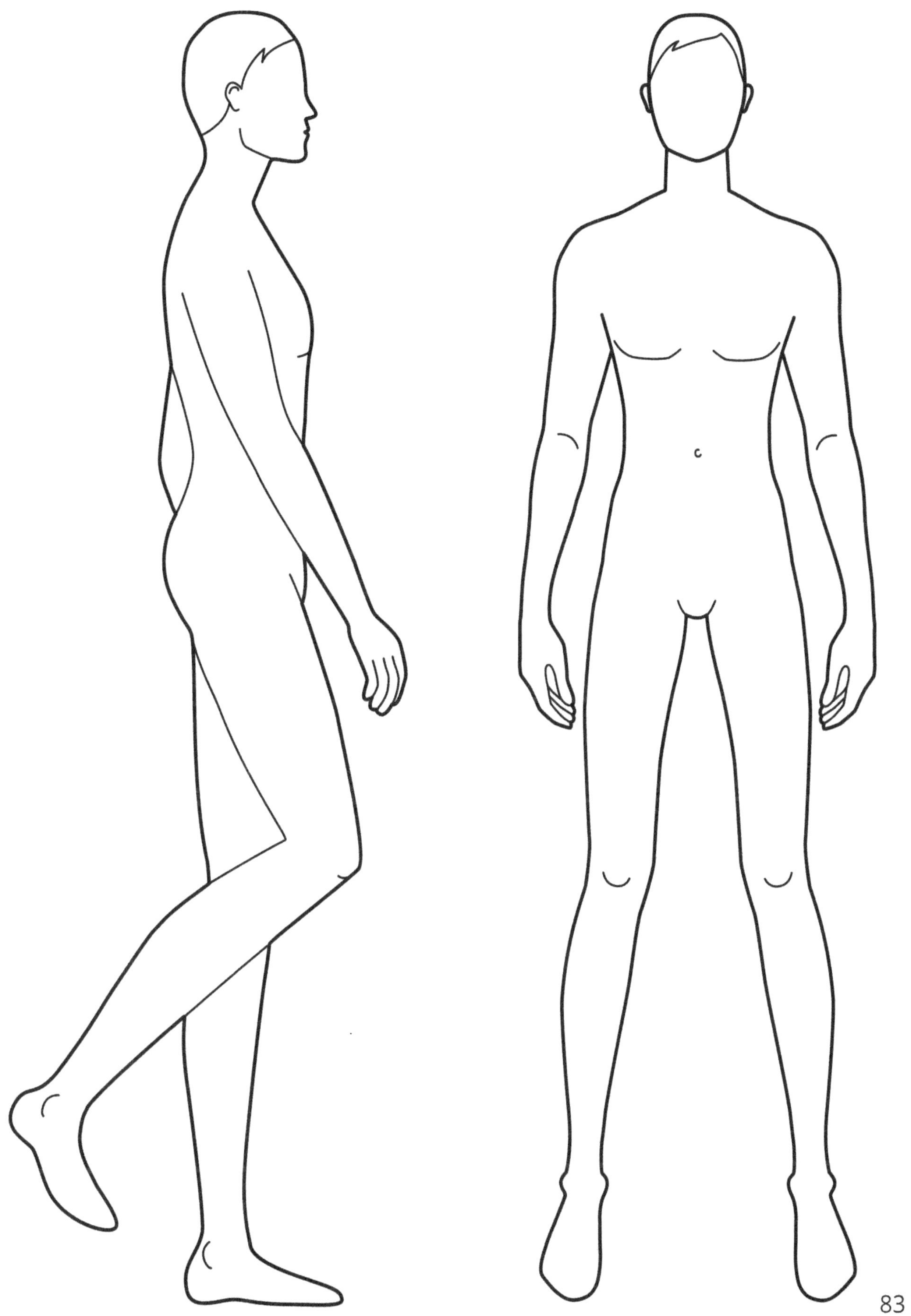

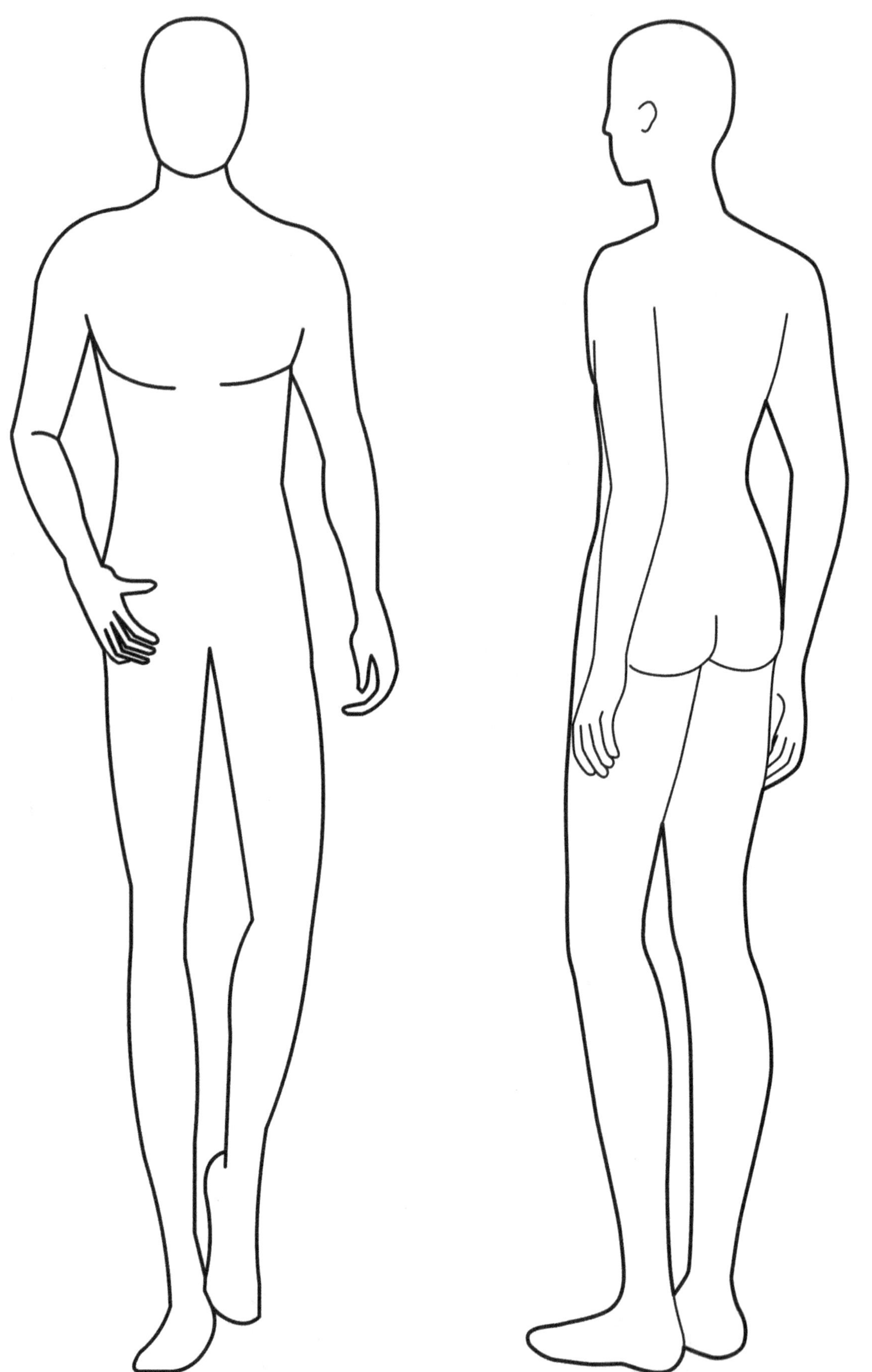

I tuoi appunti e foto d'ispirazione

Questa pagina è il tuo moodboard personale. Usala per documentare i tuoi esperimenti di stile, catturare ispirazioni e costruire un archivio del tuo percorso di design.

- Incolla ritagli di riviste, campioni di tessuto o schizzi di outfit.
- Scrivi cosa ha funzionato, cosa vorresti migliorare e come immagini il capo nella realtà.
- Tieni traccia di temi o forme ricorrenti che definiscono la tua estetica.

Suggerimento Pro: *Le collezioni più forti nascono spesso da piccole idee. Conserva tutto ciò che attira la tua attenzione - potrebbe diventare il seme del tuo prossimo grande design.*

Ispirazione Outfit:
Office Chic e Runway Glam

Stile Smart-Casual + Eleganza Futuristica

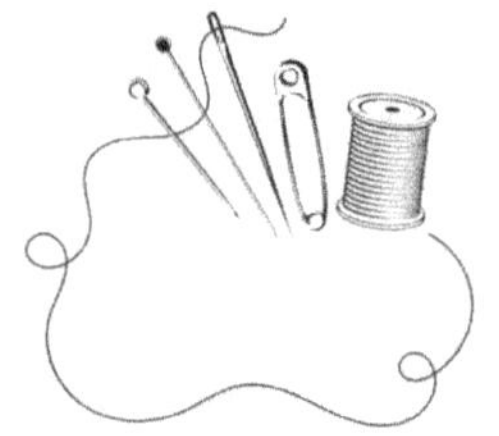

Ispirazione Office Chic

Il look smart-casual unisce professionalità e comfort. Abbina chinos a una camicia e completa con un cardigan o un blazer destrutturato. Sneakers in pelle o mocassini aggiungono equilibrio tra praticità e eleganza. Perfetto per ambienti di lavoro moderni e flessibili.

Ispirazione Runway Glam

L'eleganza futuristica combina innovazione e raffinatezza. Giacche sartoriali in tessuti metallici o iridescenti, pantaloni slim e dettagli geometrici creano un'estetica elegante ma d'avanguardia. Gli accessori restano minimi per lasciare spazio alla struttura e ai materiali.

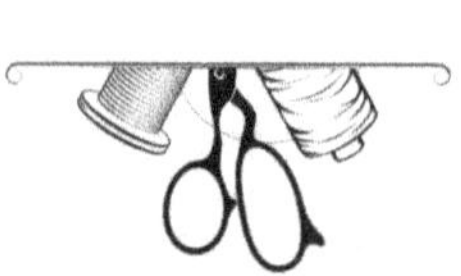

Guida alla Pratica di Moda e Appunti

La proporzione è essenziale nella sartoria maschile. Usa questa pagina per esercitarti nel bilanciare spalle, vita e lunghezza delle gambe.

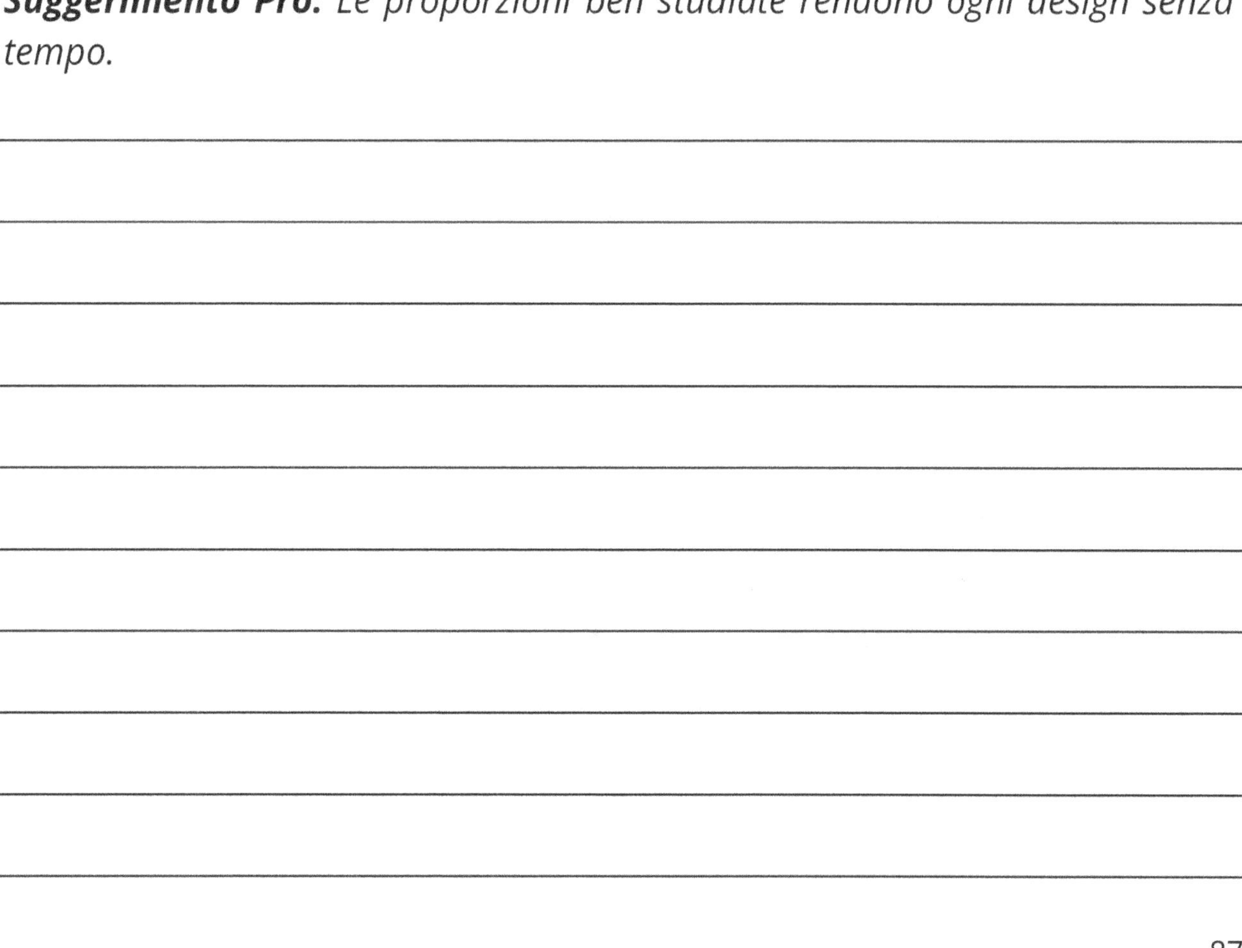

Come usare questa pagina:
- Concentrati su giacche, pantaloni e proporzioni del corpo.
- Prova tagli aderenti e rilassati.
- Annota cosa appare più naturale.

Riflessione e appunti:
- Quale proporzione funziona meglio?
- L'outfit sembra equilibrato?
- Cosa modificherò nei prossimi schizzi?

Suggerimento Pro: Le proporzioni ben studiate rendono ogni design senza tempo.

____

____

____

____

____

____

____

Ispirazione Outfit: Streetwear

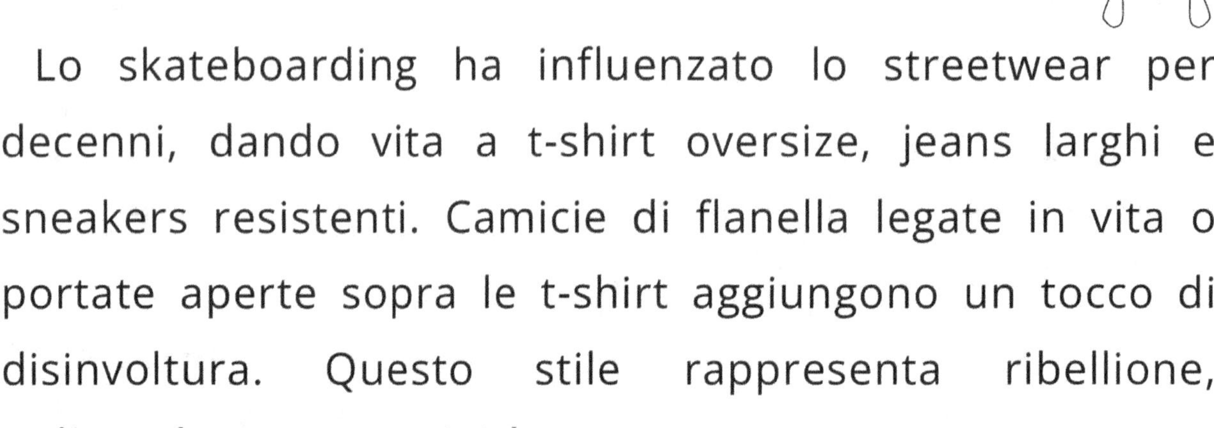

Stile Ispirato alla Cultura Skate

Lo skateboarding ha influenzato lo streetwear per decenni, dando vita a t-shirt oversize, jeans larghi e sneakers resistenti. Camicie di flanella legate in vita o portate aperte sopra le t-shirt aggiungono un tocco di disinvoltura. Questo stile rappresenta ribellione, indipendenza e creatività.

Ciò che rende iconico lo stile skate è l'autenticità: i capi sono pensati per muoversi, ma raccontano anche una cultura. È uno stile di vita tanto quanto un modo di vestire.

Suggerimento Pro: *Mantieni gli accessori al minimo - un cappellino, un bracciale o uno zaino bastano. L'effetto migliore nasce dalla semplicità naturale.*

Tendenze

Ispirazione

Tessuti

Appunti

Dettagli

Campioni
di tessuto

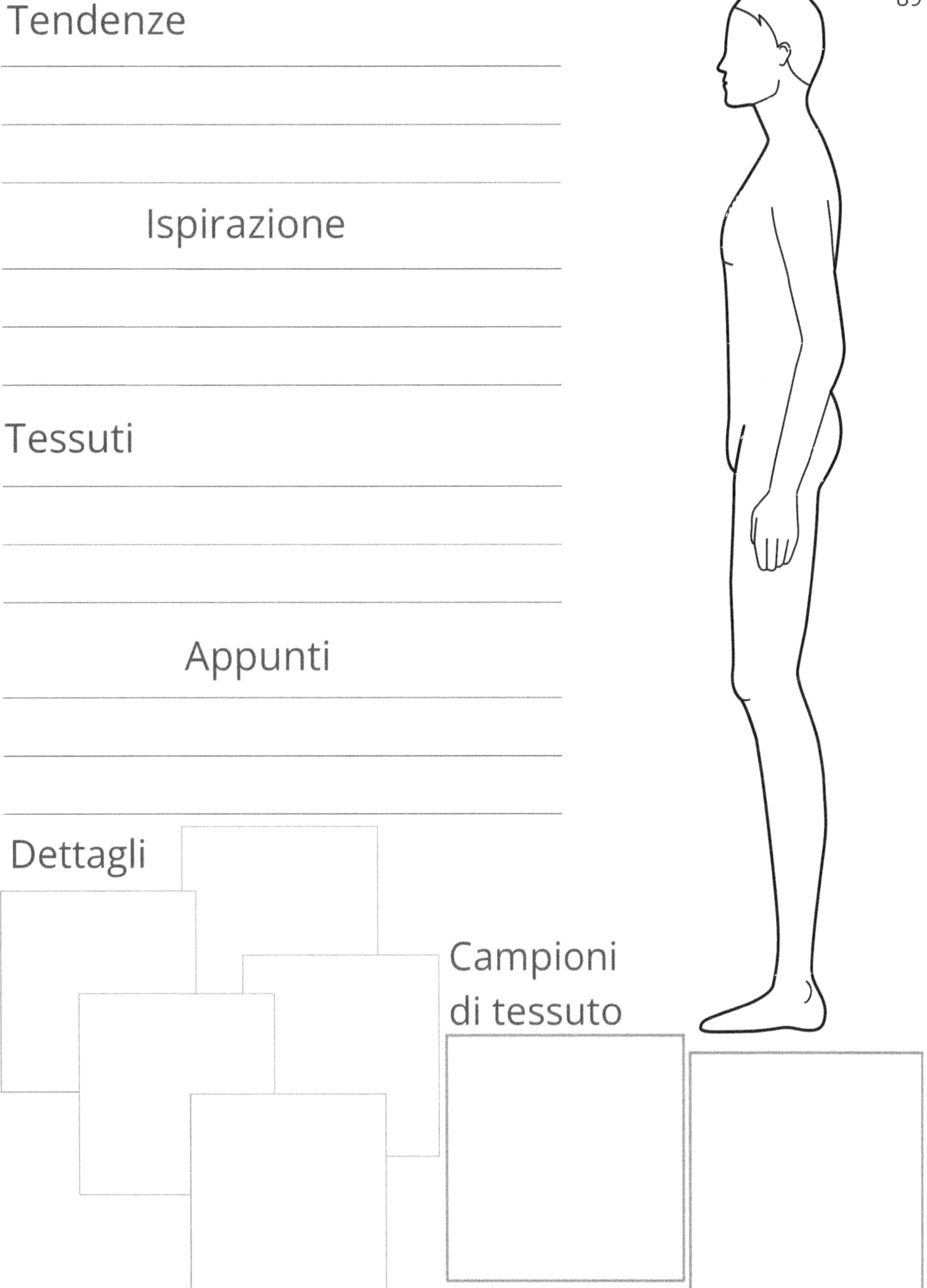

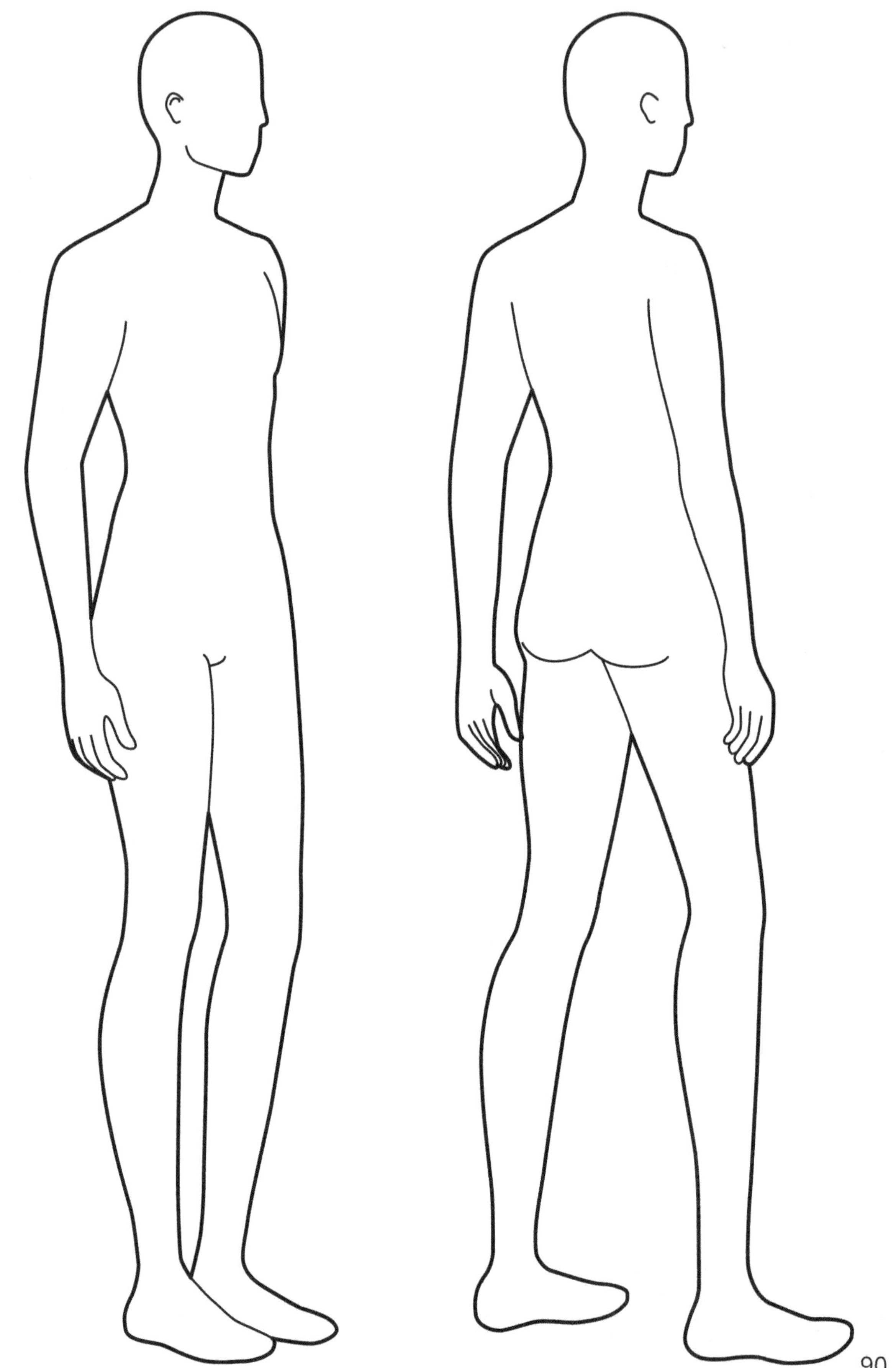

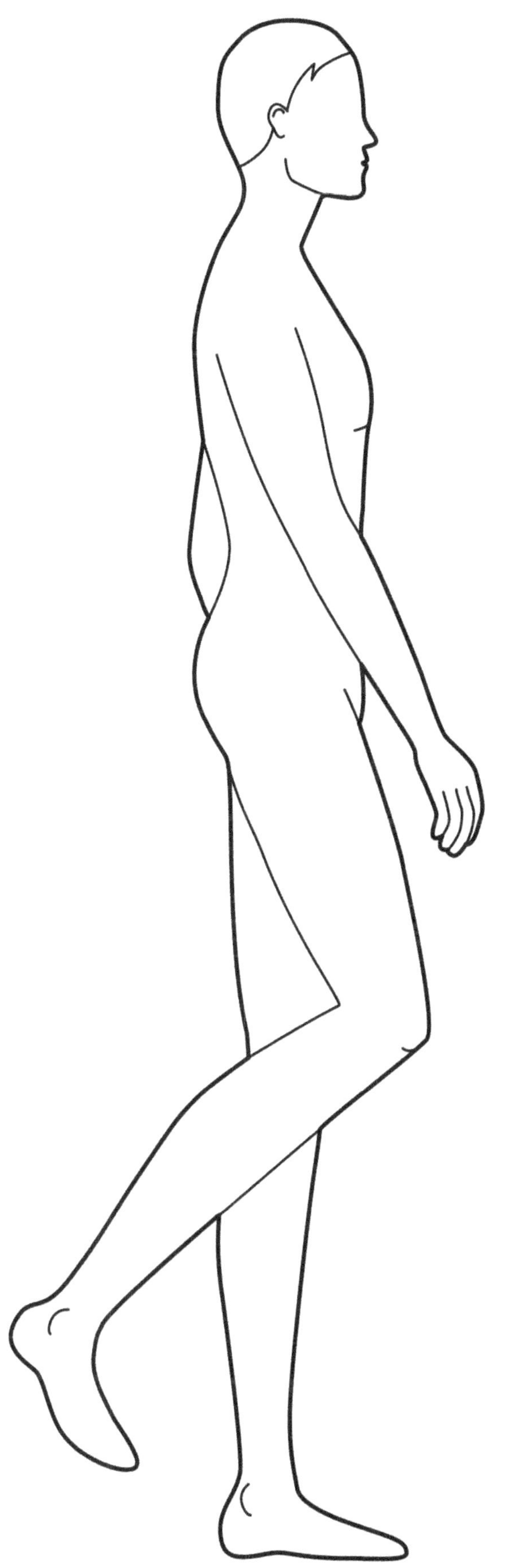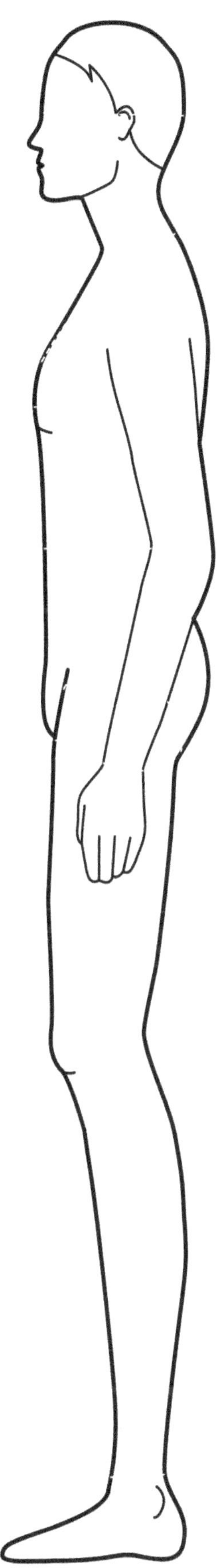

I tuoi appunti e foto d'ispirazione

Questa pagina è il tuo moodboard personale. Usala per documentare i tuoi esperimenti di stile, catturare ispirazioni e costruire un archivio del tuo percorso di design.

- Incolla ritagli di riviste, campioni di tessuto o schizzi di outfit.
- Scrivi cosa ha funzionato, cosa vorresti migliorare e come immagini il capo nella realtà.
- Tieni traccia di temi o forme ricorrenti che definiscono la tua estetica.

Suggerimento Pro*: Le collezioni più forti nascono spesso da piccole idee. Conserva tutto ciò che attira la tua attenzione - potrebbe diventare il seme del tuo prossimo grande design.*

Ispirazione Outfit:
Office Chic e Runway Glam

Sovrapposizioni Moderne + Brillantezza da Festival

Ispirazione Office Chic

Le sovrapposizioni aggiungono versatilità e carattere. Un gilet sotto il blazer, un dolcevita sotto la camicia o un leggero capospalla sopra creano profondità. Scegliere texture complementari, come lana e cotone, eleva lo stile.

Ispirazione Runway Glam

Il glam da festival maschile è energia pura. Blazer con paillettes, giacche ricamate o pantaloni metallici trasmettono vitalità. Strati giocosi e palette vivaci catturano l'atmosfera festosa, mentre accessori come cappelli o cinture decorate completano l'individualità.

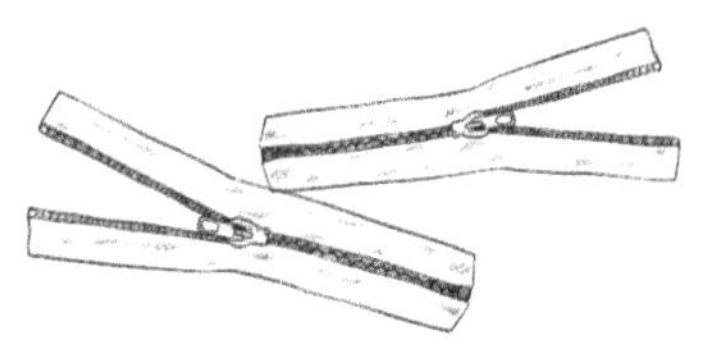

Guida alla Pratica di Moda e Appunti

I colori definiscono il tono degli outfit maschili - dai neutri discreti alle tonalità più audaci. Usa questa pagina per testare palette diverse.

Come usare questa pagina:
- Disegna un outfit base.
- Applica 2-3 combinazioni di colori (naturali, monocromatici, vivaci).
- Annota come cambia l'atmosfera.

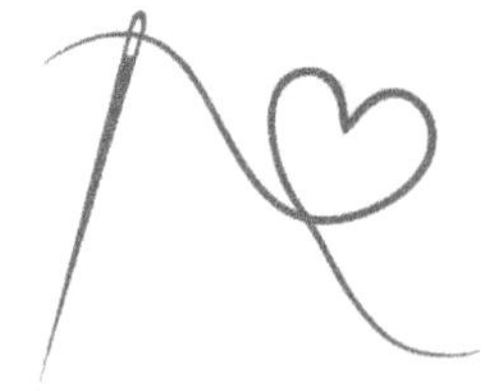

Riflessione e appunti:
- Quale palette si adatta meglio al concetto?
- I colori si armonizzano o contrastano troppo?
- Come la riutilizzerei?

Suggerimento Pro: *Il colore è il linguaggio silenzioso dello stile.*

Ispirazione Outfit: Streetwear

Techwear Streetwear

Il techwear è futuristico, funzionale e all'avanguardia. Tessuti impermeabili, cinghie regolabili, zip nascoste e tasche multiple creano un look tecnico ma moderno. Nero e grigio dominano la palette, con tocchi neon per contrasto.

Questo stile fa una dichiarazione forte: perfetto per chi vive la moda come performance. Non serve confondersi nella massa - qui si punta a distinguersi con stile e funzionalità.

Suggerimento Pro: *Parti da una base nera (pantaloni cargo + giacca utility) e aggiungi un solo dettaglio funzionale, come una tracolla o una cinghia colorata. Così l'outfit resta portabile ma d'impatto.*

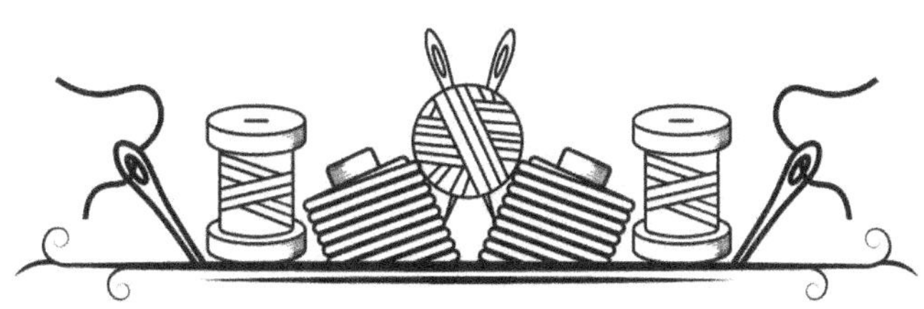

Tendenze

Ispirazione

Tessuti

Appunti

Dettagli

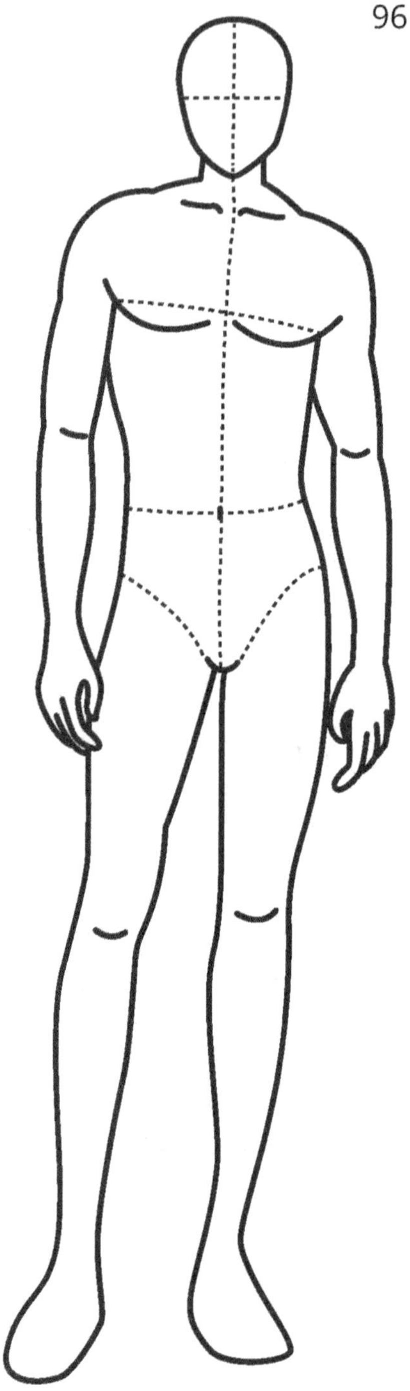

Campioni
di tessuto

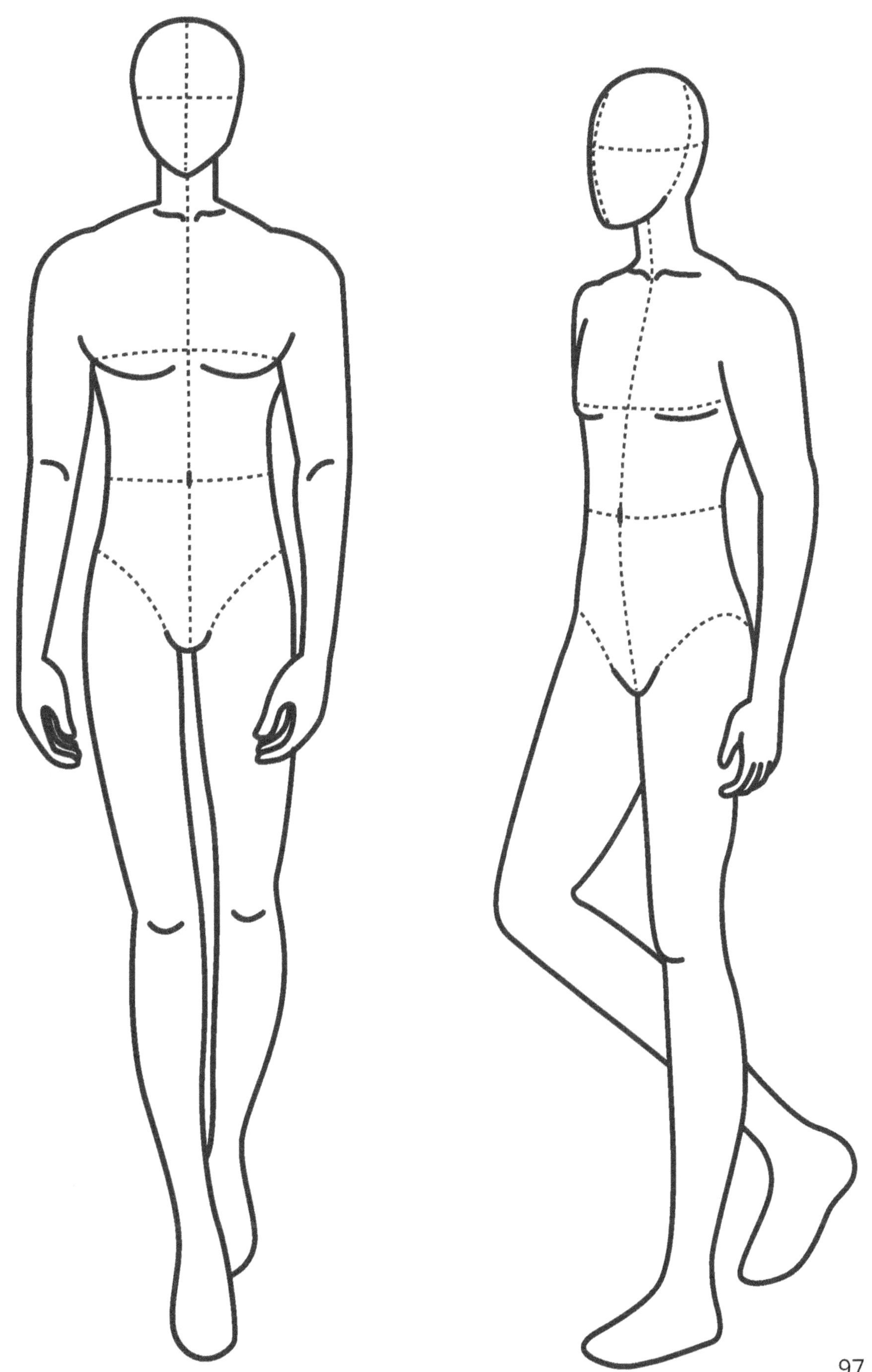

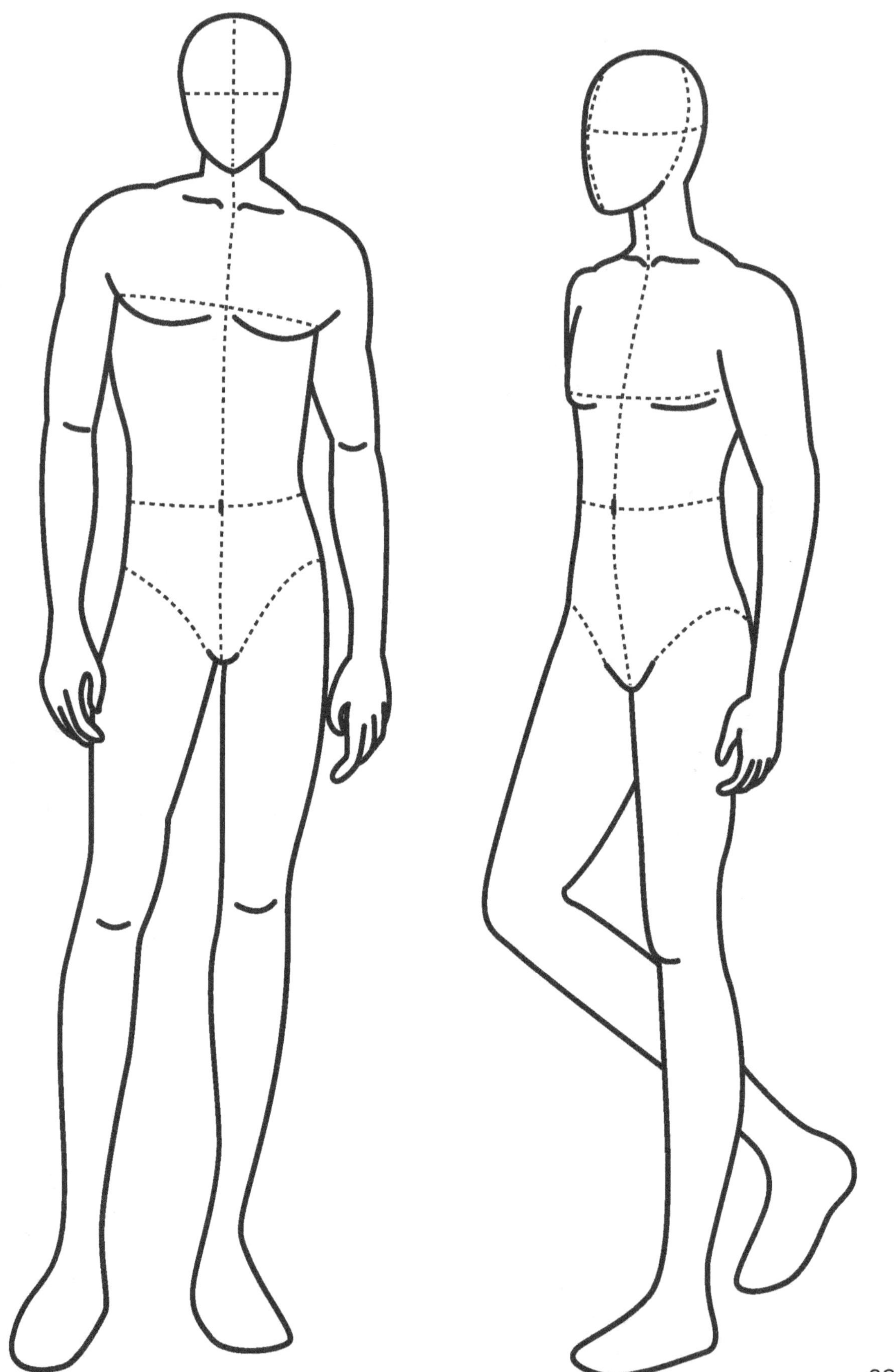

I tuoi appunti e foto d'ispirazione

Questa pagina è il tuo moodboard personale. Usala per documentare i tuoi esperimenti di stile, catturare ispirazioni e costruire un archivio del tuo percorso di design.

- Incolla ritagli di riviste, campioni di tessuto o schizzi di outfit.
- Scrivi cosa ha funzionato, cosa vorresti migliorare e come immagini il capo nella realtà.
- Tieni traccia di temi o forme ricorrenti che definiscono la tua estetica.

Suggerimento Pro: *Le collezioni più forti nascono spesso da piccole idee. Conserva tutto ciò che attira la tua attenzione - potrebbe diventare il seme del tuo prossimo grande design.*

Ispirazione Outfit: Office Chic e Runway Glam

Uniforme Elegante da Ufficio + Alta Moda Sostenibile

Ispirazione Office Chic

Alcuni ambienti di lavoro adottano un approccio uniforme: pantaloni sartoriali, camicia neutra e blazer strutturato. Se realizzati con tessuti di qualità e taglio preciso, anche la semplicità diventa eleganza. Accessori discreti come cravatte sottili o scarpe in pelle completano il look.

Ispirazione Runway Glam

L'alta moda sostenibile unisce artigianalità e consapevolezza. Tessuti riciclati, tinture naturali e design a basso impatto ambientale mostrano innovazione e rispetto per il pianeta. Cappotti lunghi o look a strati comunicano responsabilità e raffinatezza.

Guida alla Pratica di Moda e Appunti

Pensa in termini di collezioni, non solo di singoli outfit. La moda maschile acquista forza quando i capi dialogano tra loro.

Come usare questa pagina:

- Crea 2-3 variazioni dello stesso tema.
- Mantieni un dettaglio comune (colore, texture, silhouette).
- Annota come si collegano tra loro.

Riflessione e appunti:

- I capi risultano coerenti?
- Quale si distingue di più?
- Come potrei migliorare l'armonia d'insieme?

Suggerimento Pro: *La coerenza costruisce collezioni maschili solide e riconoscibili.*

Ispirazione Outfit: Streetwear

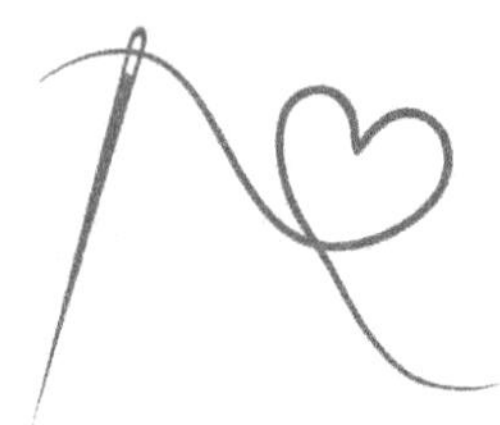

Streetwear Minimalista

Lo streetwear minimalista riduce la moda all'essenziale. Linee pulite, colori neutri e nessun logo definiscono il look. Pensa a joggers slim, felpe semplici e sneakers bianche. L'attenzione è sul taglio e sulla qualità dei materiali, non sulle decorazioni.

Questo stile funziona ovunque - dalle giornate casual agli ambienti semi-professionali - perché unisce sobrietà e carattere urbano.

Suggerimento Pro: *Investi in capi basici di qualità. Una felpa ben tagliata o sneakers premium elevano anche l'outfit più semplice.*

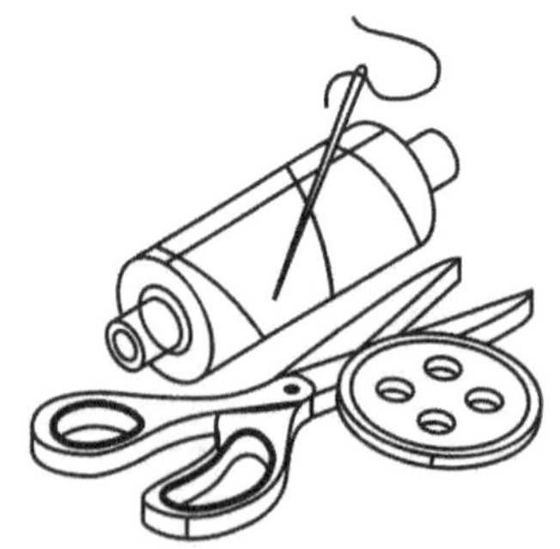

Tendenze

Ispirazione

Tessuti

Appunti

Dettagli

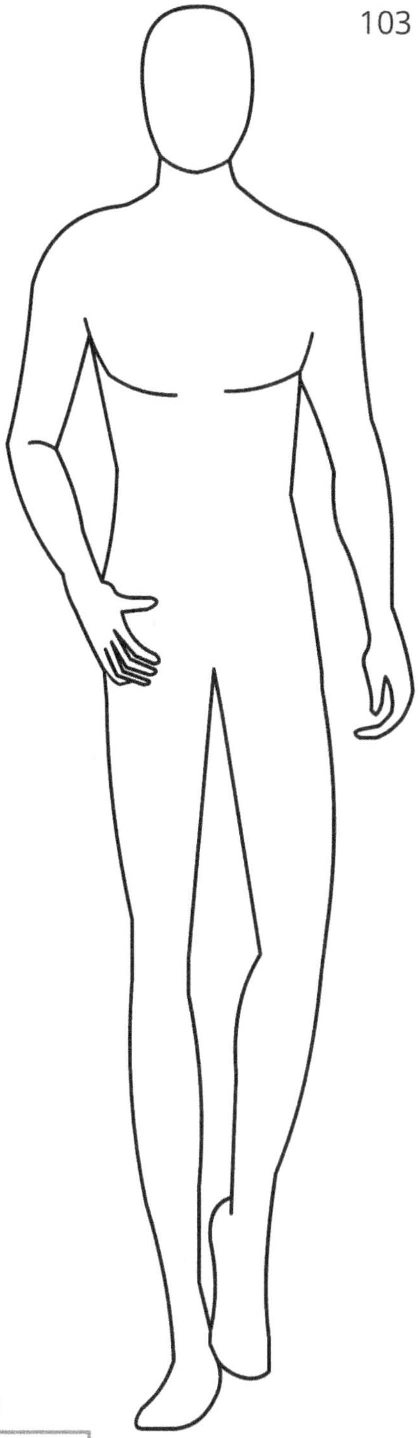

Campioni
di tessuto

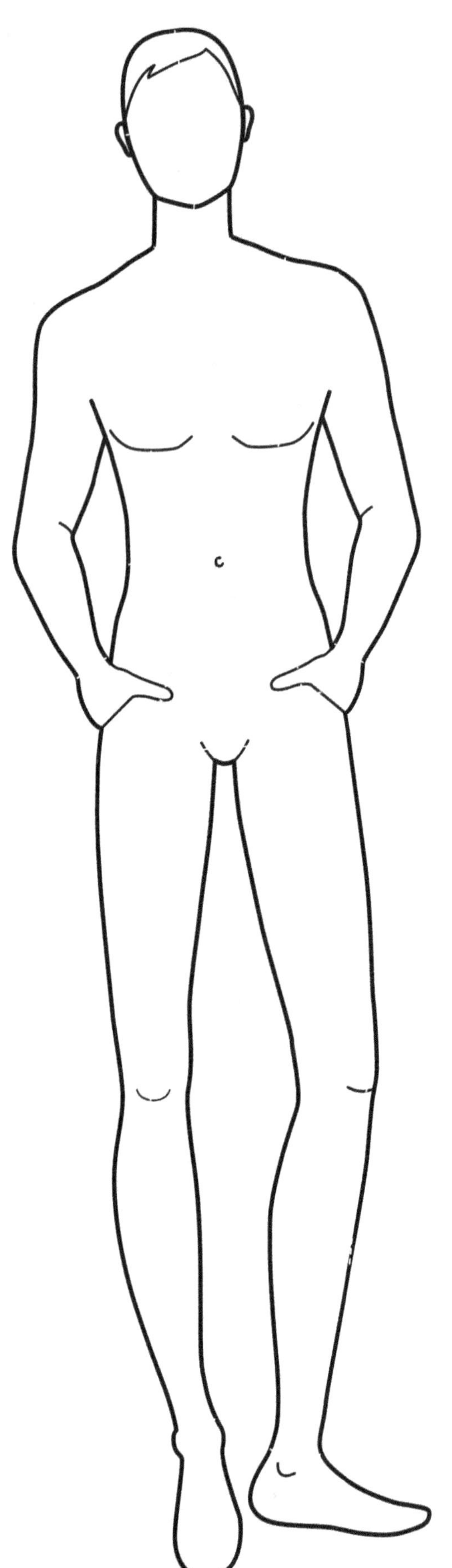
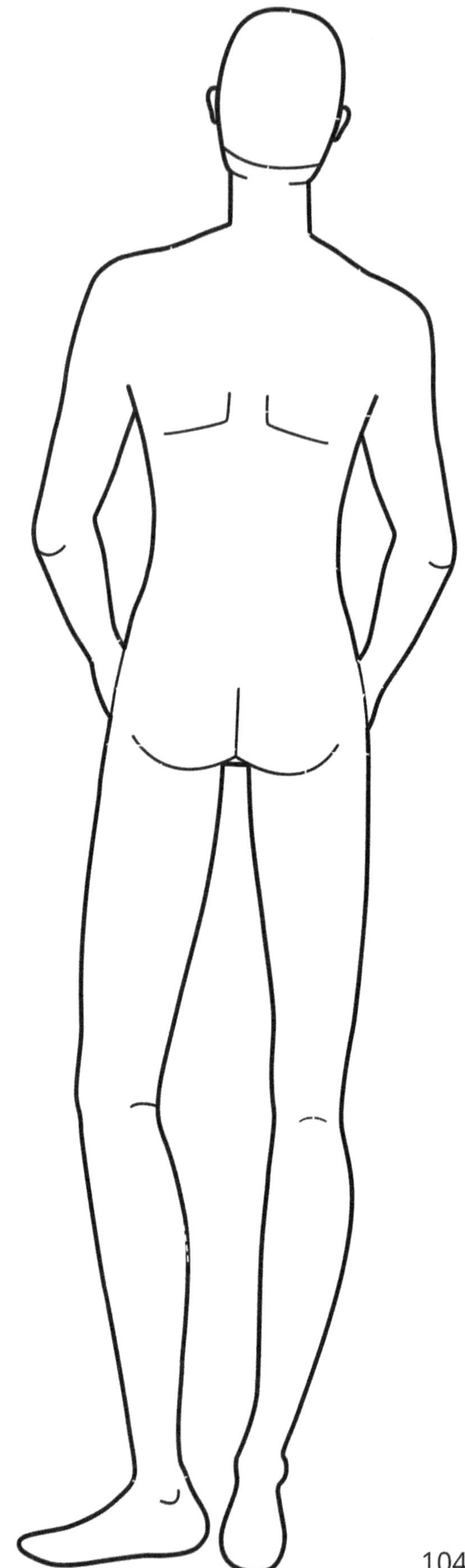

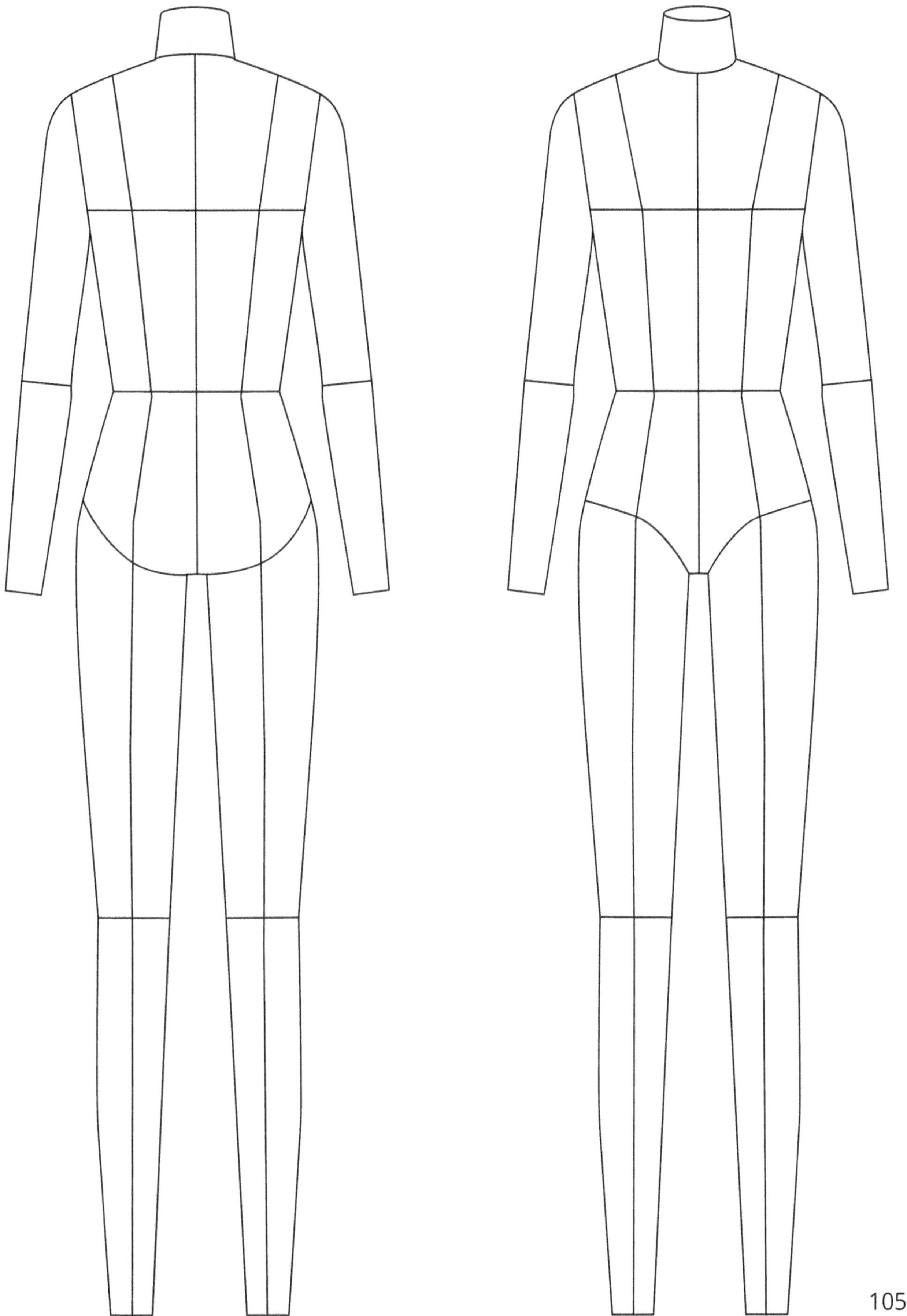

I tuoi appunti e foto d'ispirazione

Questa pagina è il tuo moodboard personale. Usala per documentare i tuoi esperimenti di stile, catturare ispirazioni e costruire un archivio del tuo percorso di design.

- Incolla ritagli di riviste, campioni di tessuto o schizzi di outfit.
- Scrivi cosa ha funzionato, cosa vorresti migliorare e come immagini il capo nella realtà.
- Tieni traccia di temi o forme ricorrenti che definiscono la tua estetica.

Suggerimento Pro: *Le collezioni più forti nascono spesso da piccole idee. Conserva tutto ciò che attira la tua attenzione - potrebbe diventare il seme del tuo prossimo grande design.*

Ispirazione Outfit:
Office Chic e Runway Glam

Professionista Attuale + Look Futuristico da Passerella

Ispirazione Office Chic

Gli uomini possono integrare le tendenze con discrezione. Pantaloni alla caviglia con mocassini o toni pastello abbinati a neutri mantengono freschezza e professionalità. Accessori come zaini sottili o occhiali moderni aggiungono eleganza funzionale.

Ispirazione Runway Glam

I capi futuristici attirano lo sguardo. Giacche scultoree, dettagli luminosi o tessuti riflettenti ridefiniscono la moda maschile contemporanea. Scarpe con suole marcate o finiture metalliche completano un'estetica a metà tra arte e abbigliamento.

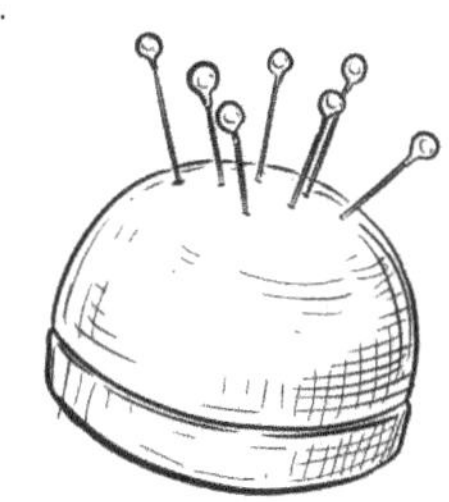

Guida alla Pratica di Moda e Appunti

Il minimalismo è una forza nella moda maschile. Linee pulite e dettagli discreti parlano più forte dell'eccesso.

Come usare questa pagina:
- Progetta con un massimo di 3 elementi.
- Concentrati su silhouette e vestibilità.
- Scrivi come la semplicità ha cambiato l'atmosfera.

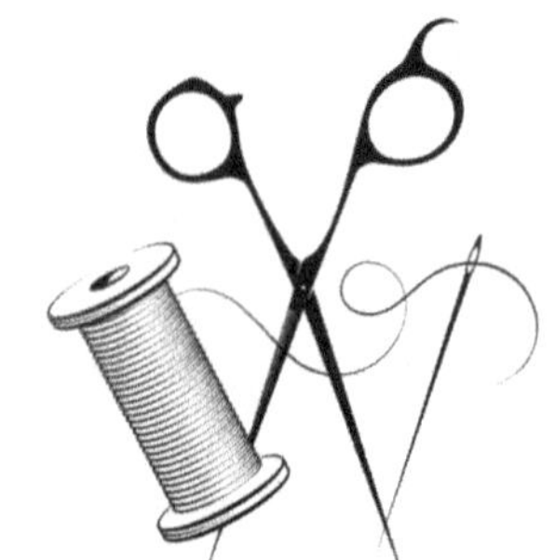

Riflessione e appunti:
- La semplicità ha reso il look più forte?
- Quale elemento ha dato carattere all'insieme?
- Cosa modificherei?

Suggerimento Pro: *Il minimalismo permette a struttura e forma di brillare.*

____

____

____

____

____

____

____

Ispirazione Outfit: Streetwear

Streetwear a Strati

La sovrapposizione trasforma i capi basici in qualcosa di dinamico. Una t-shirt sotto una felpa con cappuccio, completata da un bomber o da una giacca di jeans, crea immediatamente profondità. Mescolare tessuti diversi - cotone, denim, nylon - dona tridimensionalità al look.

Il segreto è l'equilibrio: troppi strati voluminosi appesantiscono, ma 2-3 capi scelti con cura aggiungono ricchezza e flessibilità.

Suggerimento Pro: *Usa le sovrapposizioni per giocare con il colore. Abbina toni neutri a una sola sfumatura vivace - ad esempio una felpa neutra sotto una giacca colorata - per creare un contrasto controllato.*

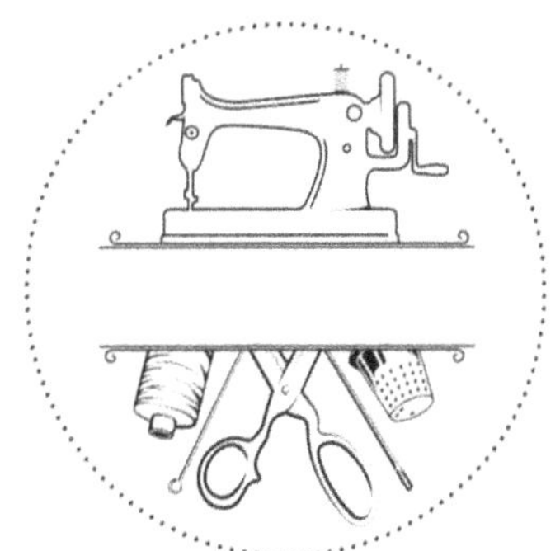

Tendenze

Ispirazione

Tessuti

Appunti

Dettagli

Campioni di tessuto

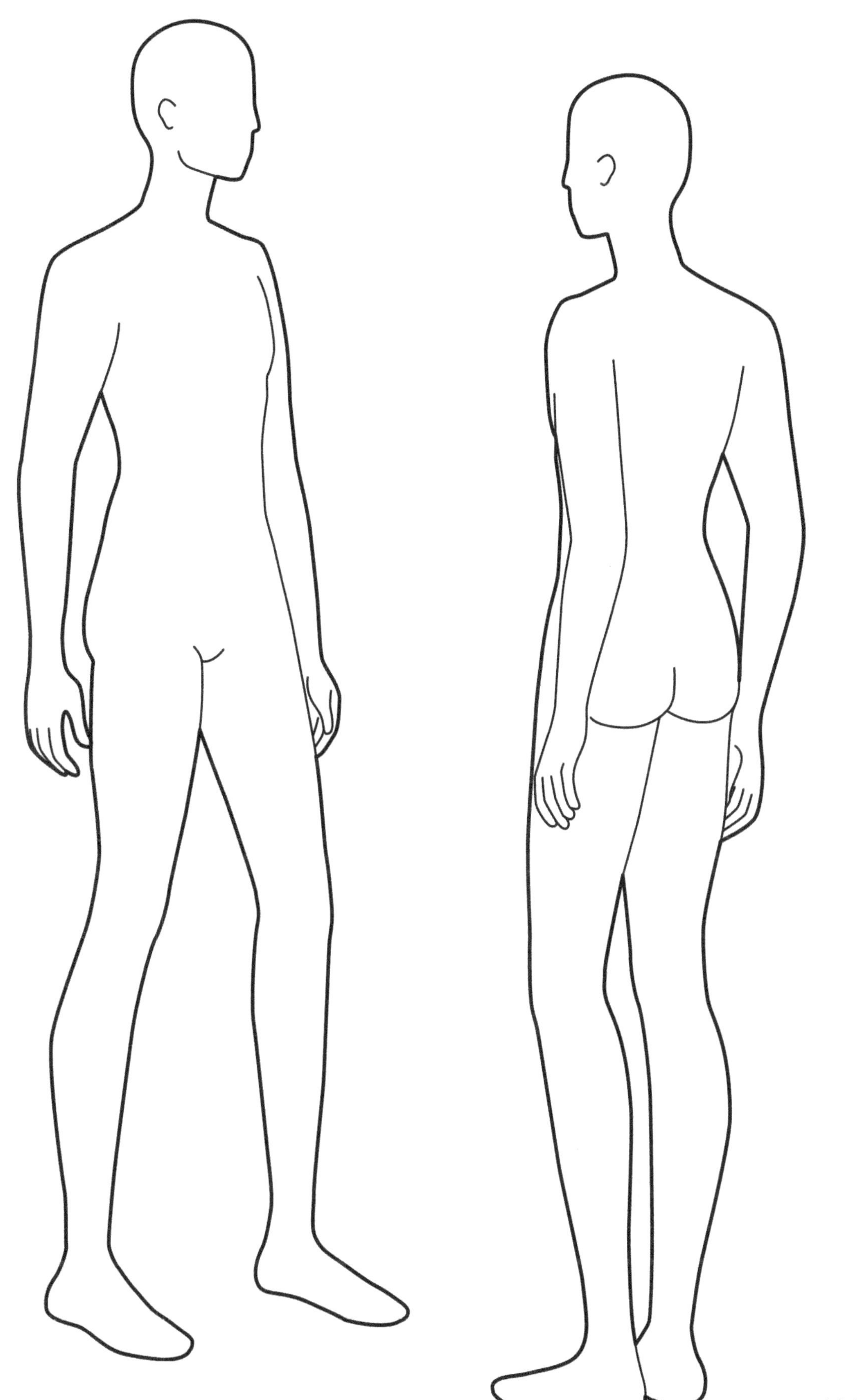

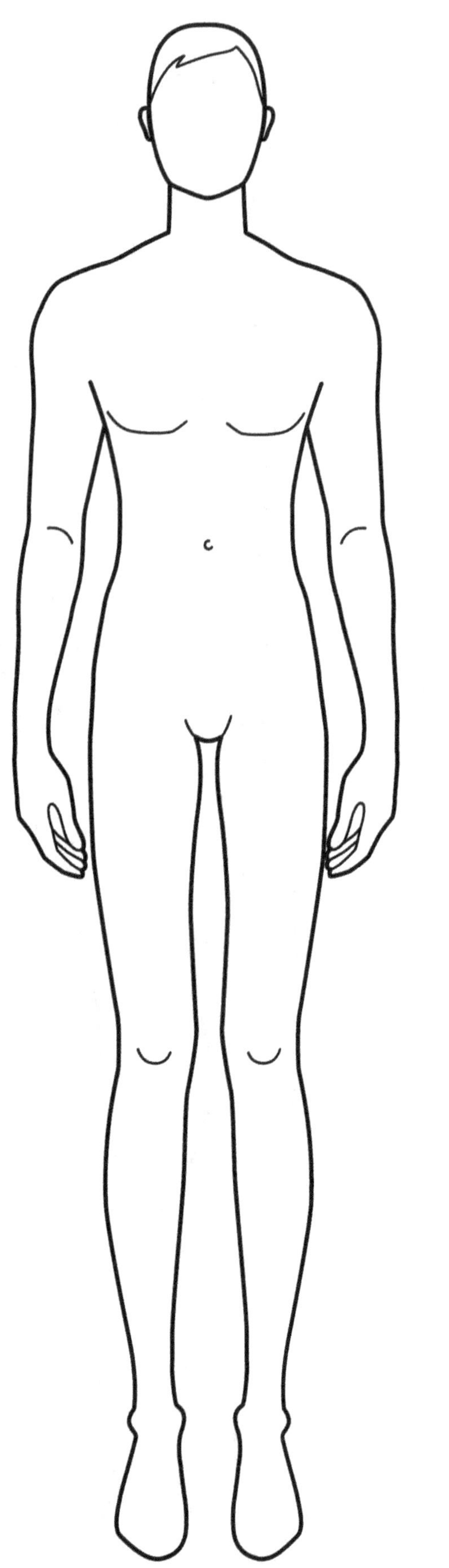
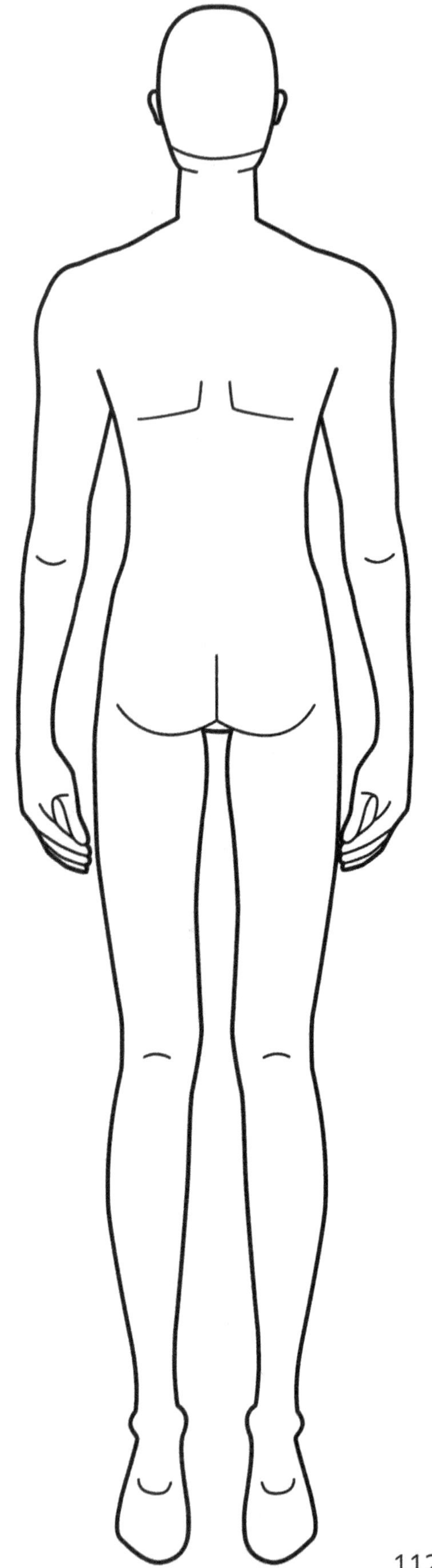

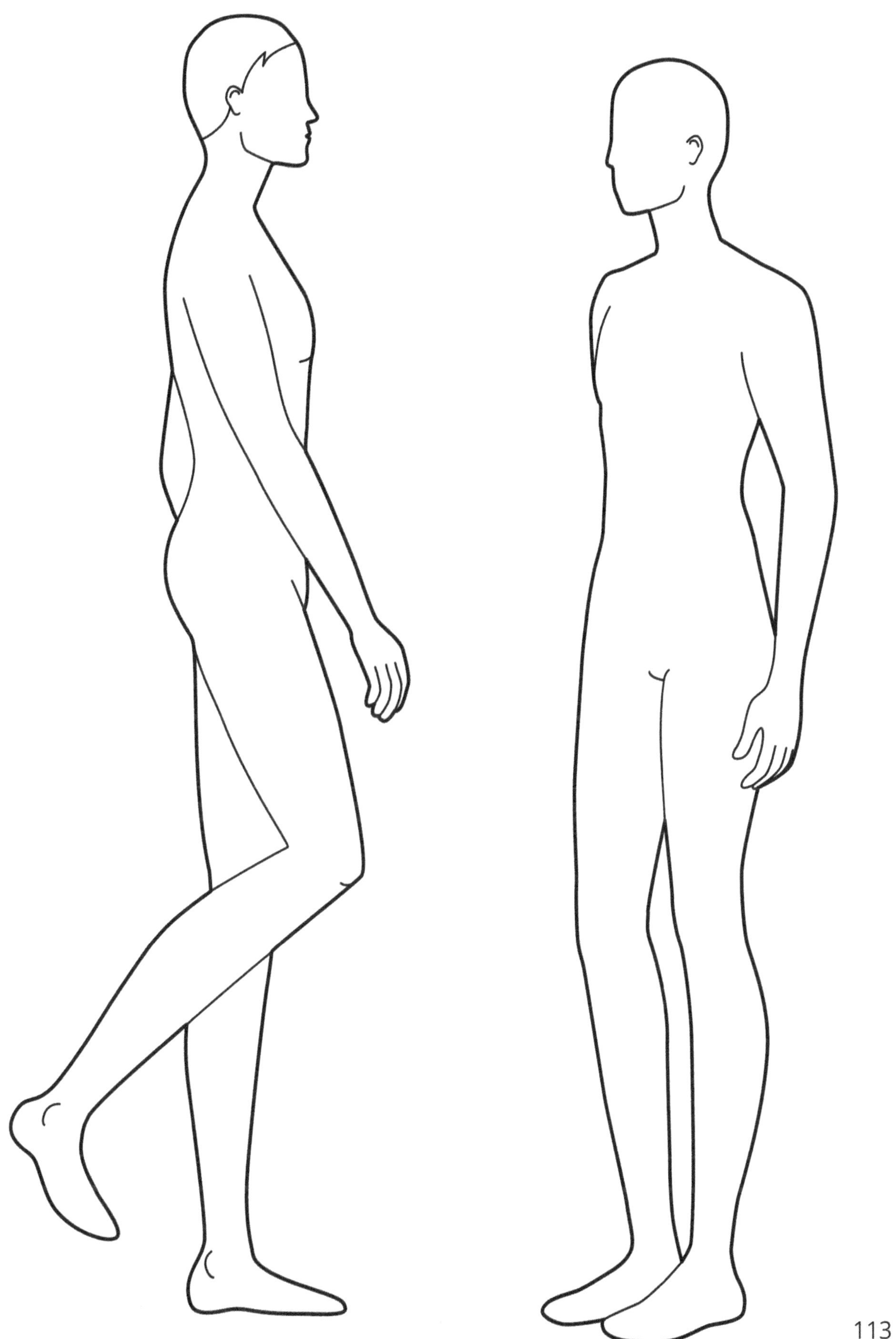

I tuoi appunti e foto d'ispirazione ¹¹⁴

Questa pagina è il tuo moodboard personale. Usala per documentare i tuoi esperimenti di stile, catturare ispirazioni e costruire un archivio del tuo percorso di design.

- Incolla ritagli di riviste, campioni di tessuto o schizzi di outfit.
- Scrivi cosa ha funzionato, cosa vorresti migliorare e come immagini il capo nella realtà.
- Tieni traccia di temi o forme ricorrenti che definiscono la tua estetica.

Suggerimento Pro: *Le collezioni più forti nascono spesso da piccole idee. Conserva tutto ciò che attira la tua attenzione - potrebbe diventare il seme del tuo prossimo grande design.*

Ispirazione Outfit:
Office Chic e Runway Glam

Sartoria Rilassata + Eleganza da Red Carpet

Ispirazione Office Chic

La sartoria rilassata unisce comfort e stile. Blazer morbidi abbinati a pantaloni con piega e mocassini comunicano eleganza senza rigidità. Tessuti leggeri come lino o misto cotone si adattano ai diversi climi mantenendo un aspetto raffinato.

Ispirazione Runway Glam

Il classico stile da red carpet maschile ruota attorno a smoking o completi a tre pezzi. Giacche in velluto, revers in seta e papillon sottolineano il lusso. Scarpe lucidate e cura nei dettagli completano un'estetica impeccabile.

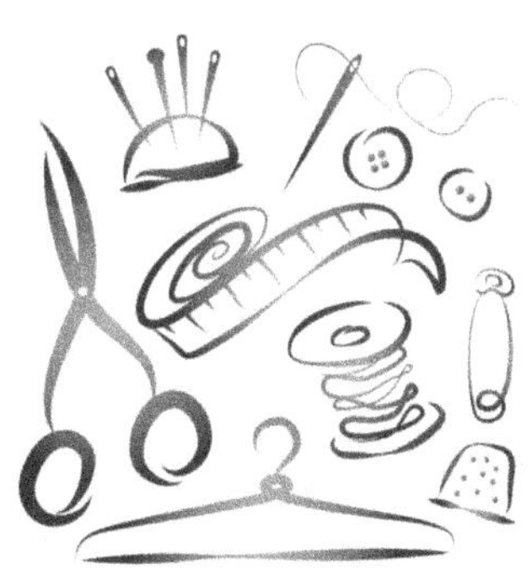

Guida alla Pratica di Moda e Appunti

Questa pagina è dedicata alla riflessione e ai progressi. Osserva i tuoi schizzi precedenti e celebra i miglioramenti raggiunti.

Come usare questa pagina:
- Disegna un outfit che mostri la tua crescita.
- Scrivi cosa hai imparato finora.
- Stabilisci una sfida di design per la prossima volta.

Riflessione e appunti:
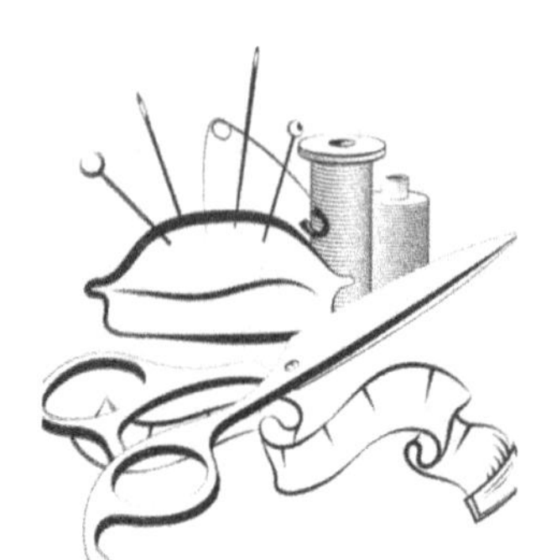
- • Cosa è migliorato di più?
- • Quale tecnica richiede ancora pratica?
- • Qual è il mio prossimo obiettivo?

Suggerimento Pro: *Ogni schizzo è una tappa del tuo percorso creativo.*

Ispirazione Outfit: Streetwear

Streetwear Retrò

Lo streetwear retrò si ispira agli anni '80 e '90: giacche da tuta, giubbotti color-block, sneakers oversize e cappellini con visiera piatta.

È nostalgico ma sempre attuale. I design vintage reinterpretati collegano il passato alla scena urbana di oggi, creando look giocosi ma di tendenza.

Il segreto per riuscirci è la moderazione: un solo capo retrò abbinato a basici moderni mantiene il look fresco, evitando l'effetto costume.

Suggerimento Pro: *Scegli un solo elemento retrò d'effetto - come una giacca sportiva colorata - e mantieni il resto contemporaneo. L'equilibrio crea autenticità con un tocco moderno.*

Tendenze

Ispirazione

Tessuti

Appunti

Dettagli

Campioni
di tessuto

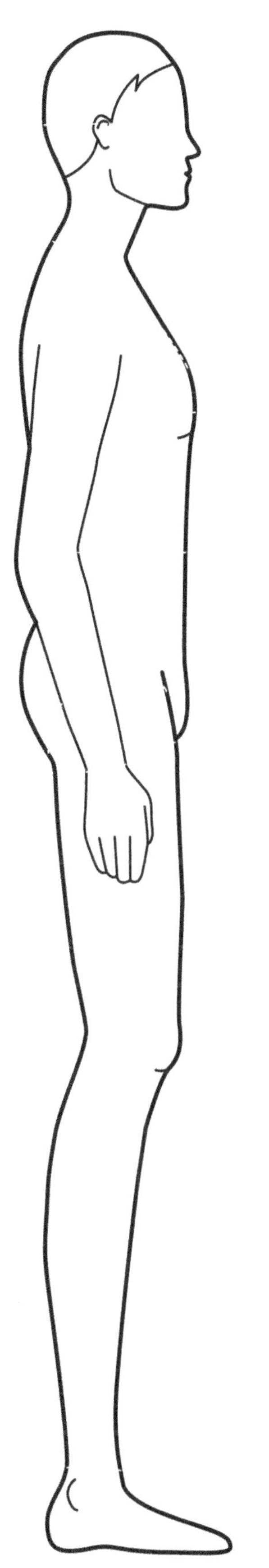

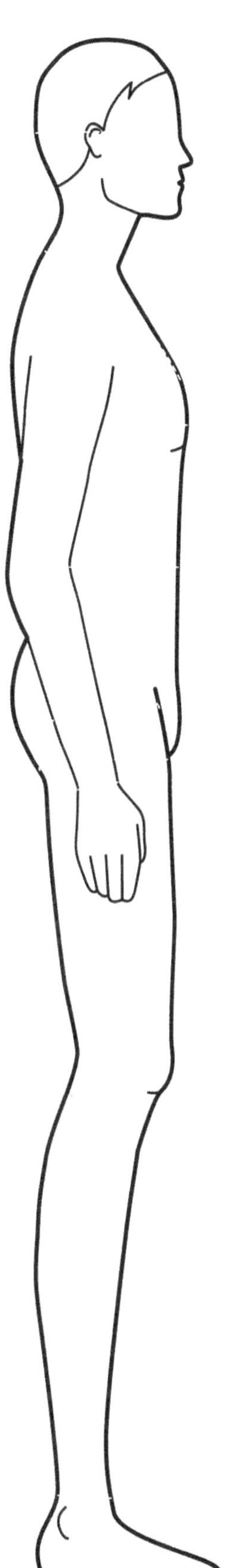

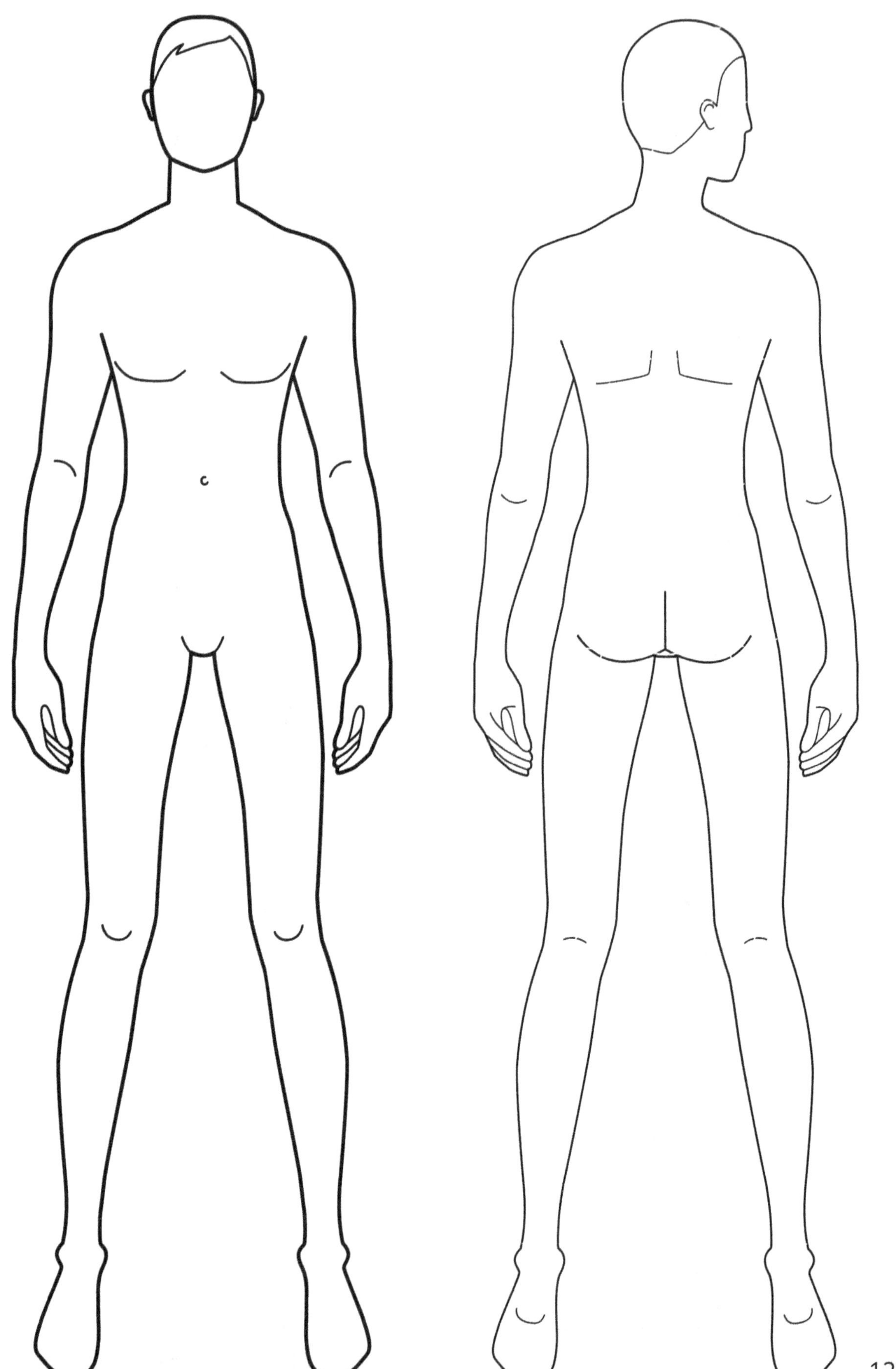

I tuoi appunti e foto d'ispirazione

Questa pagina è il tuo moodboard personale. Usala per documentare i tuoi esperimenti di stile, catturare ispirazioni e costruire un archivio del tuo percorso di design.

- Incolla ritagli di riviste, campioni di tessuto o schizzi di outfit.
- Scrivi cosa ha funzionato, cosa vorresti migliorare e come immagini il capo nella realtà.
- Tieni traccia di temi o forme ricorrenti che definiscono la tua estetica.

Suggerimento Pro: Le collezioni più forti nascono spesso da piccole idee. Conserva tutto ciò che attira la tua attenzione - potrebbe diventare il seme del tuo prossimo grande design.

Ispirazione Outfit:
Office Chic e Runway Glam

Look Audace + Moda Maschile Avanguardista

Ispirazione Office Chic

A volte l'abbigliamento da ufficio serve per farsi notare. Blazer dai colori vivaci, camicie stampate o tessuti inaspettati elevano anche i look quotidiani. Abbinali a pantaloni neutri per bilanciare creatività e professionalità.

Ispirazione Runway Glam

La moda maschile avanguardista esplora silhouette drammatiche e materiali sperimentali. Cappotti oversize, tagli asimmetrici o texture sovrapposte rompono le convenzioni. Questi design catturano lo sguardo fondendo arte concettuale e moda.

Tendenze

Ispirazione

Tessuti

Appunti

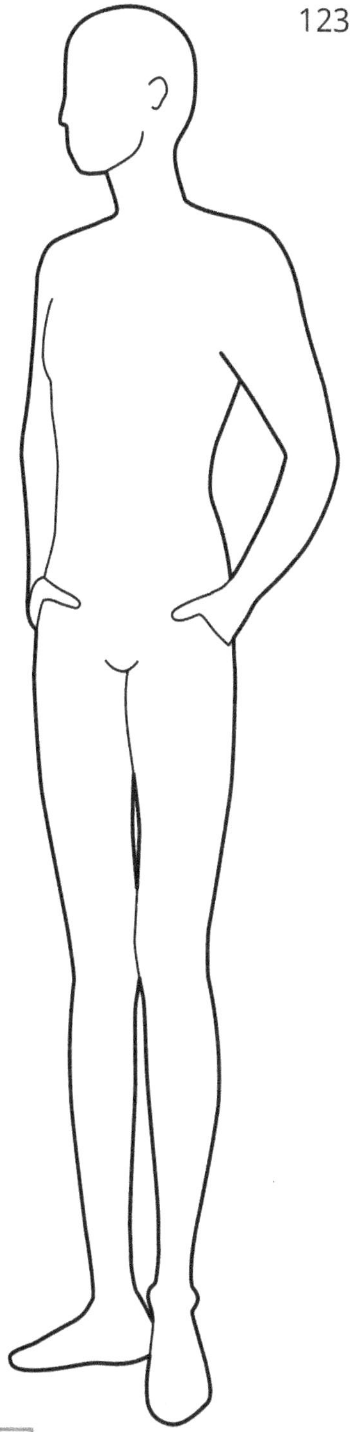

Dettagli

Campioni
di tessuto

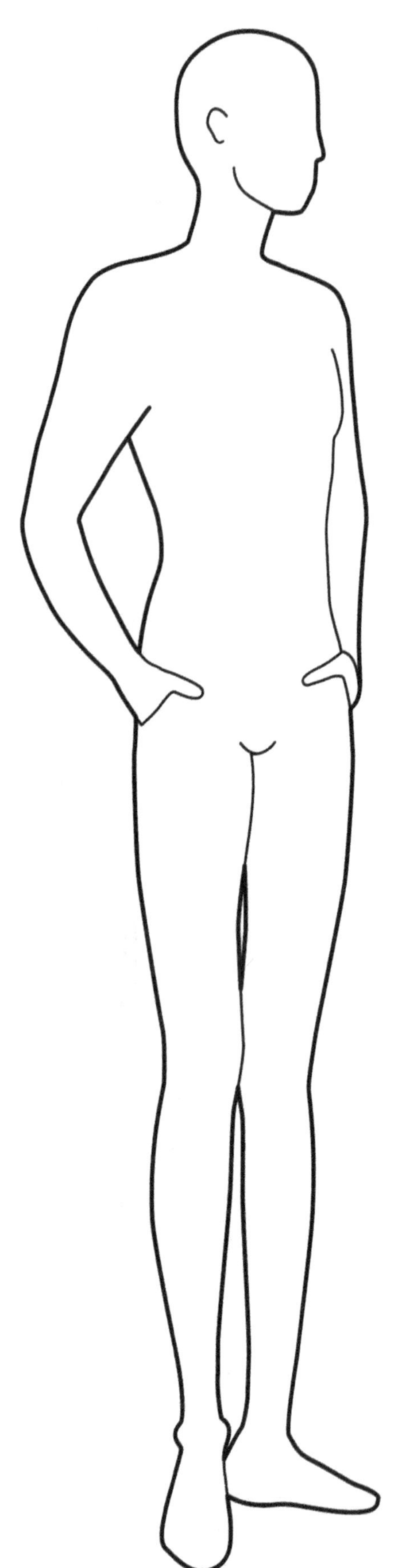
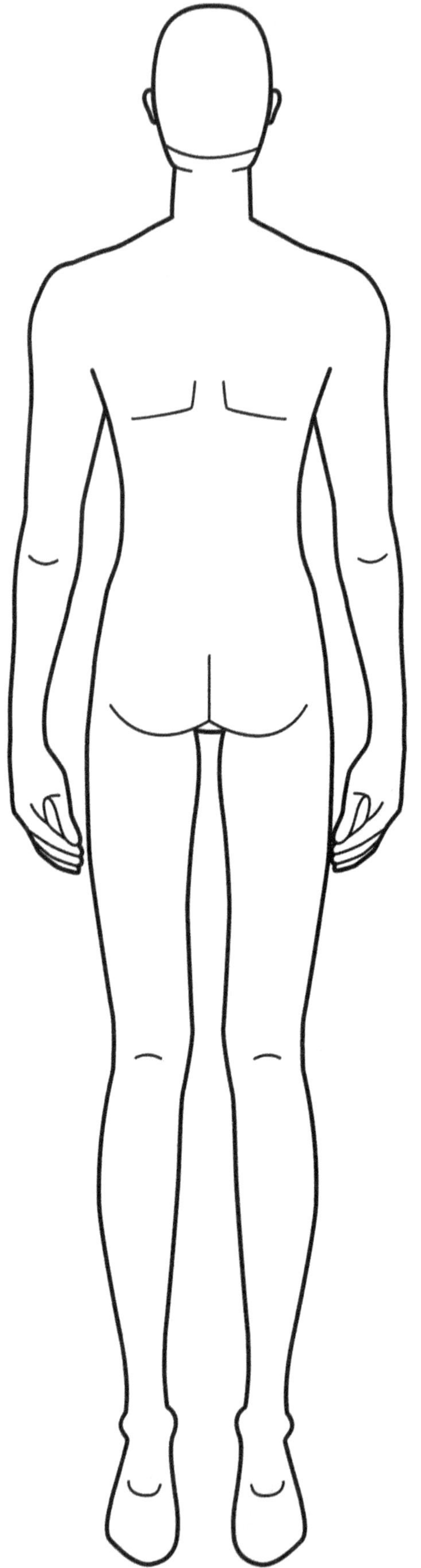

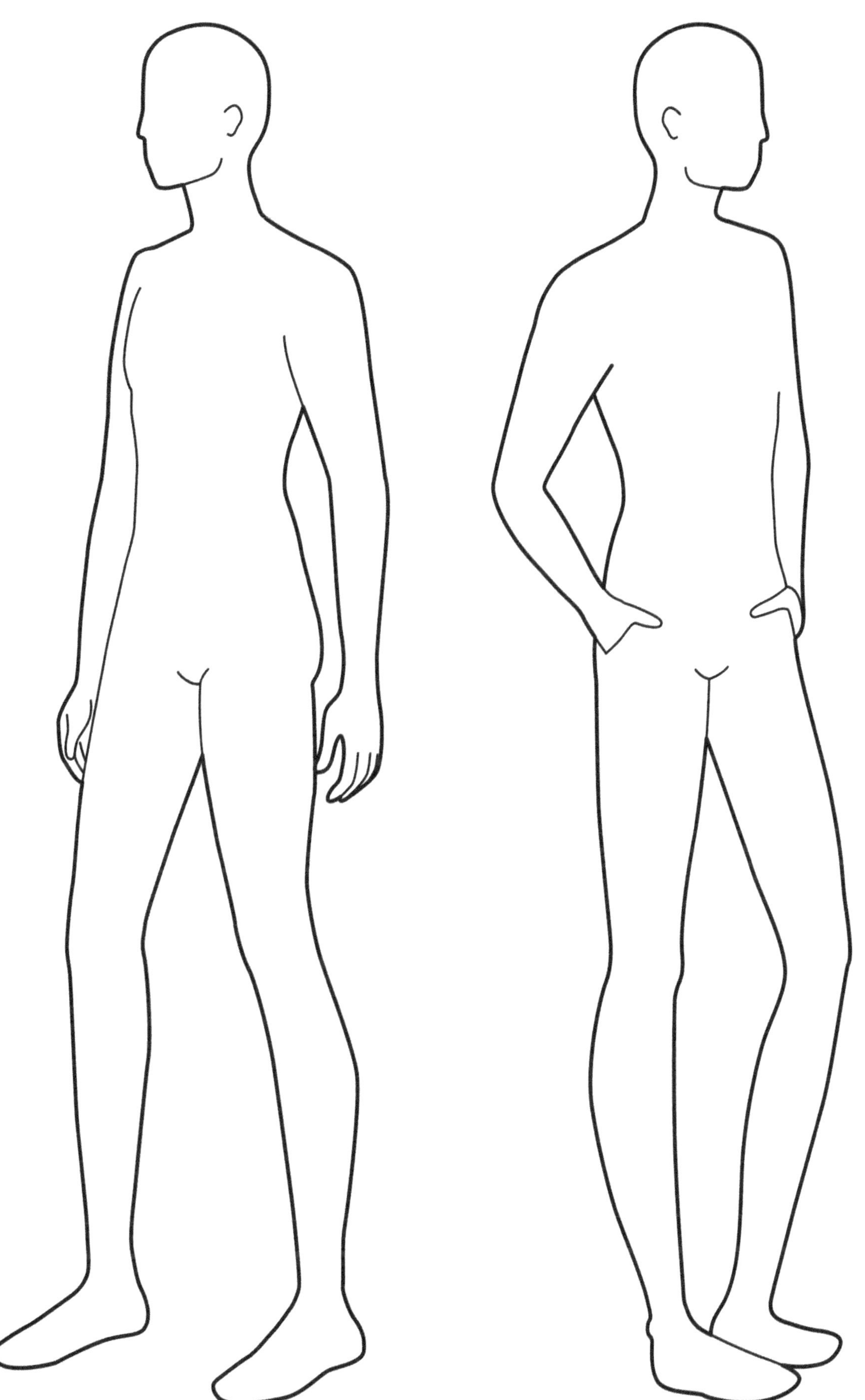

Tendenze

Ispirazione

Tessuti

Appunti

Dettagli

Campioni
di tessuto

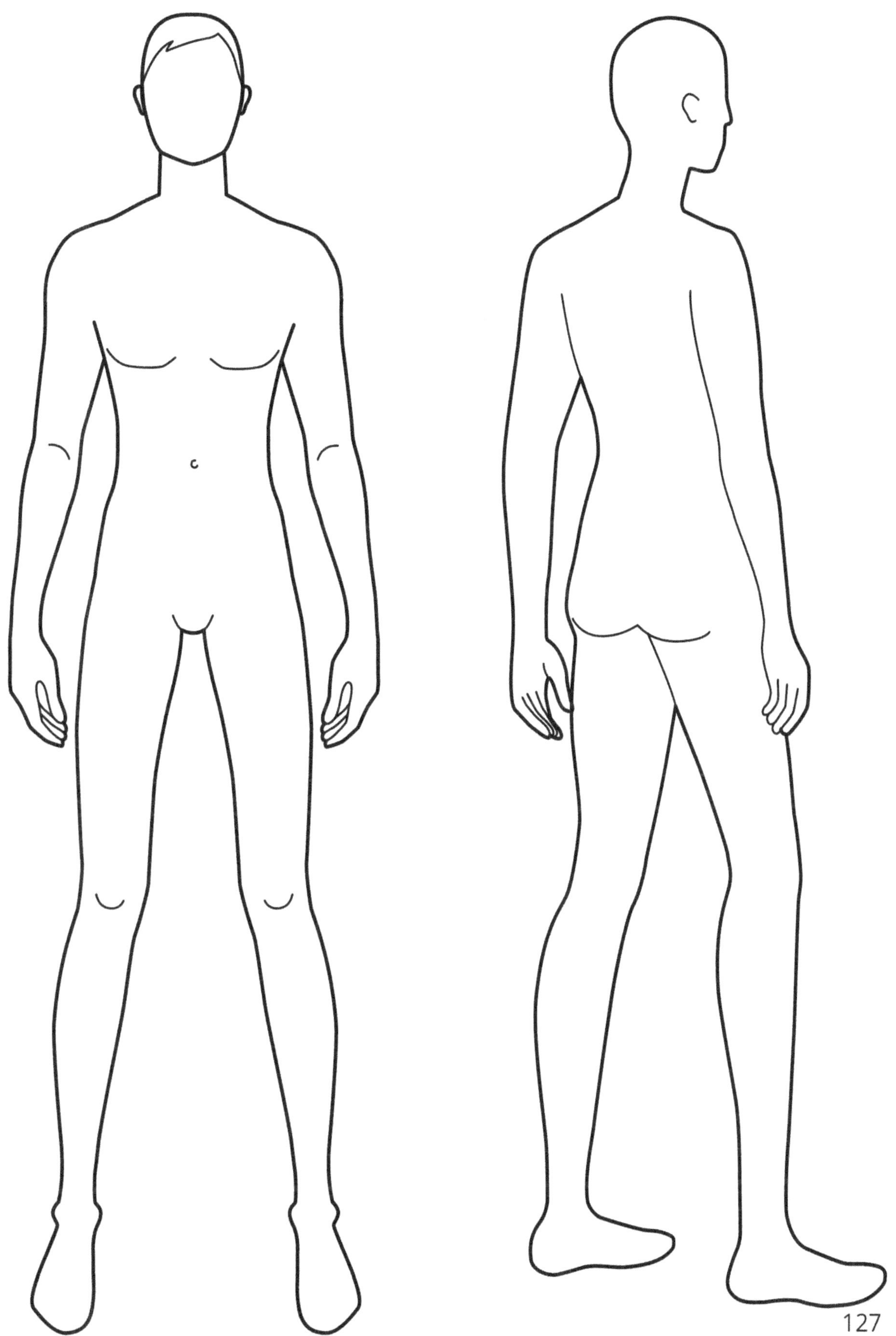

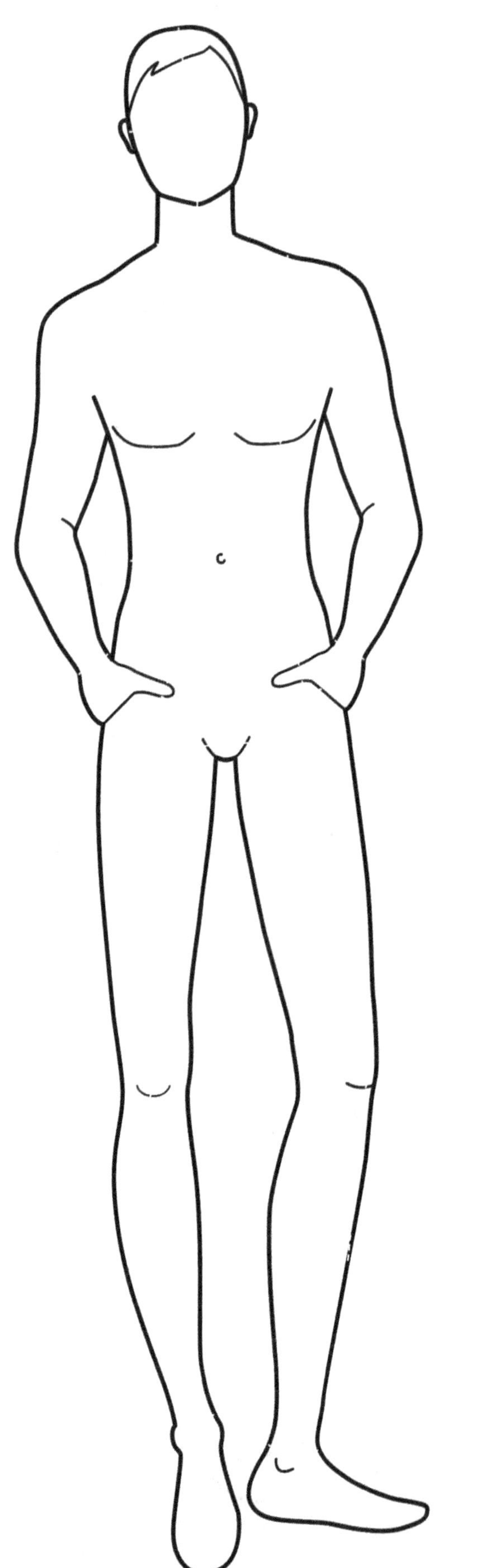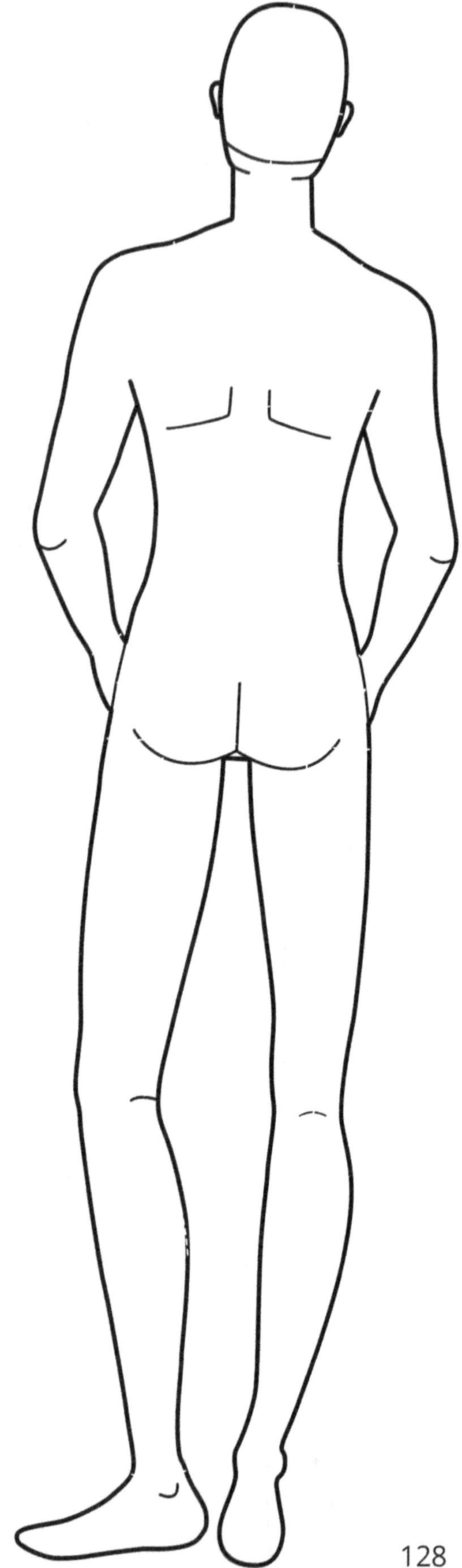

Tendenze

Ispirazione

Tessuti

Appunti

Dettagli

Campioni di tessuto

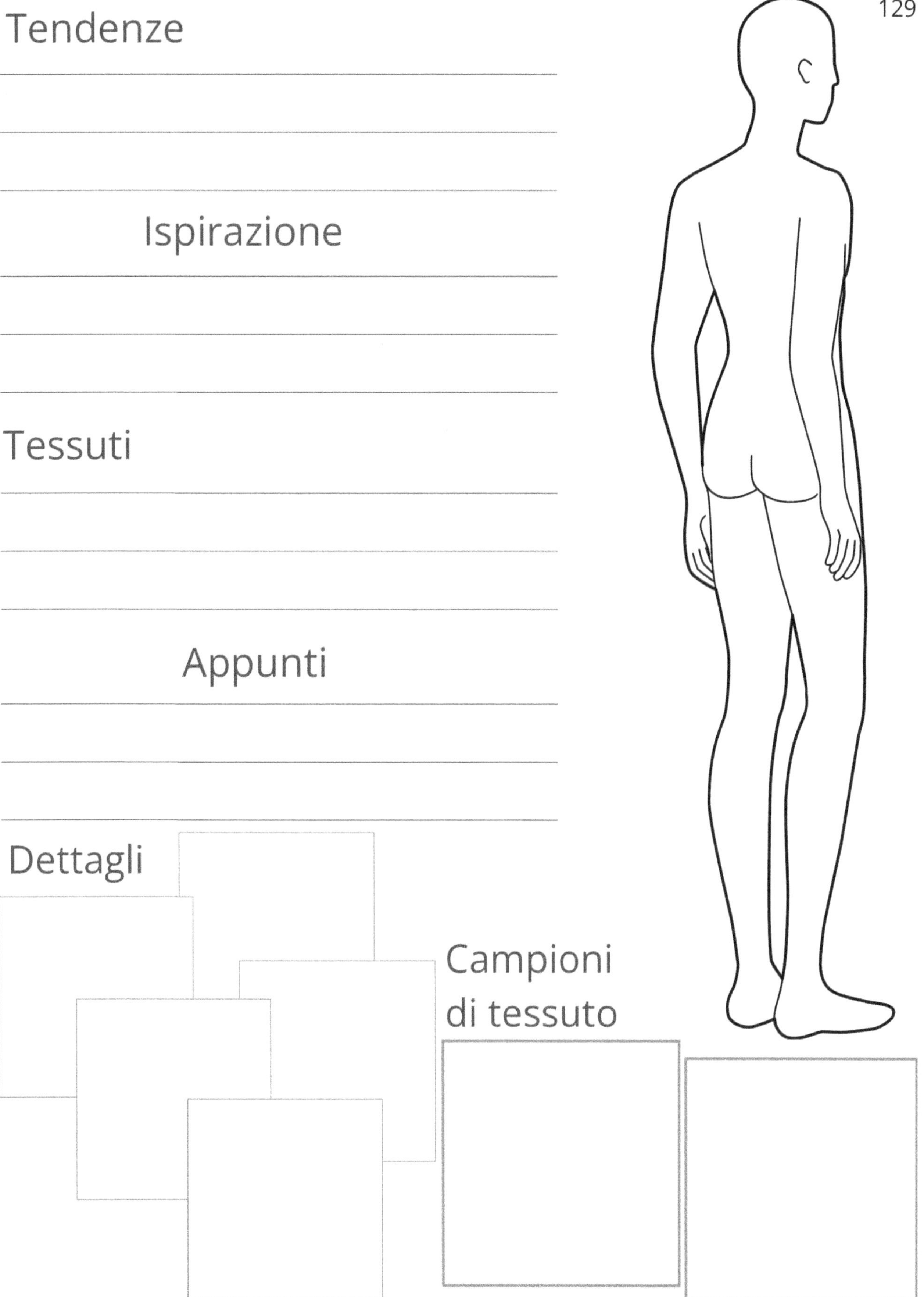

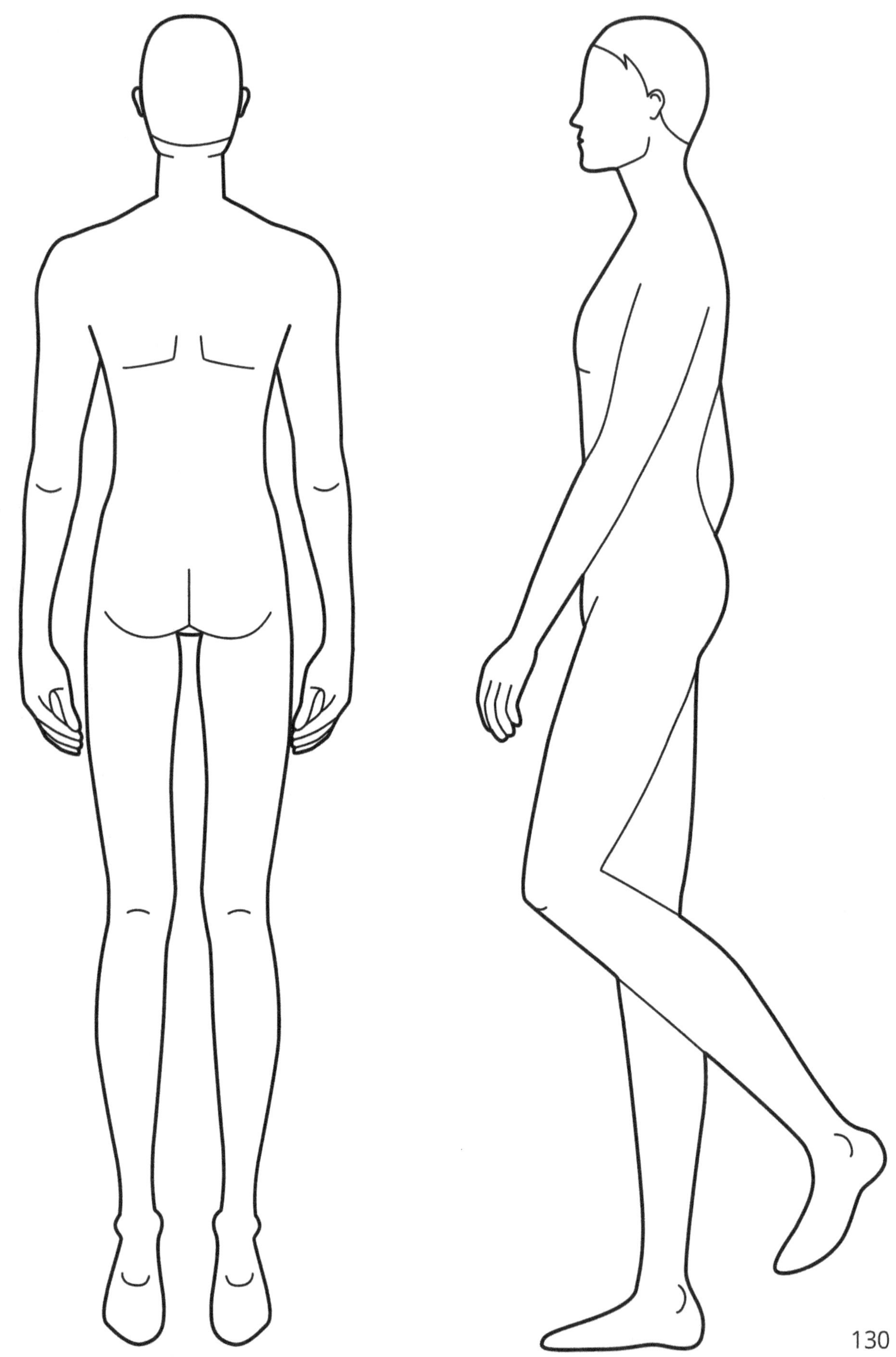

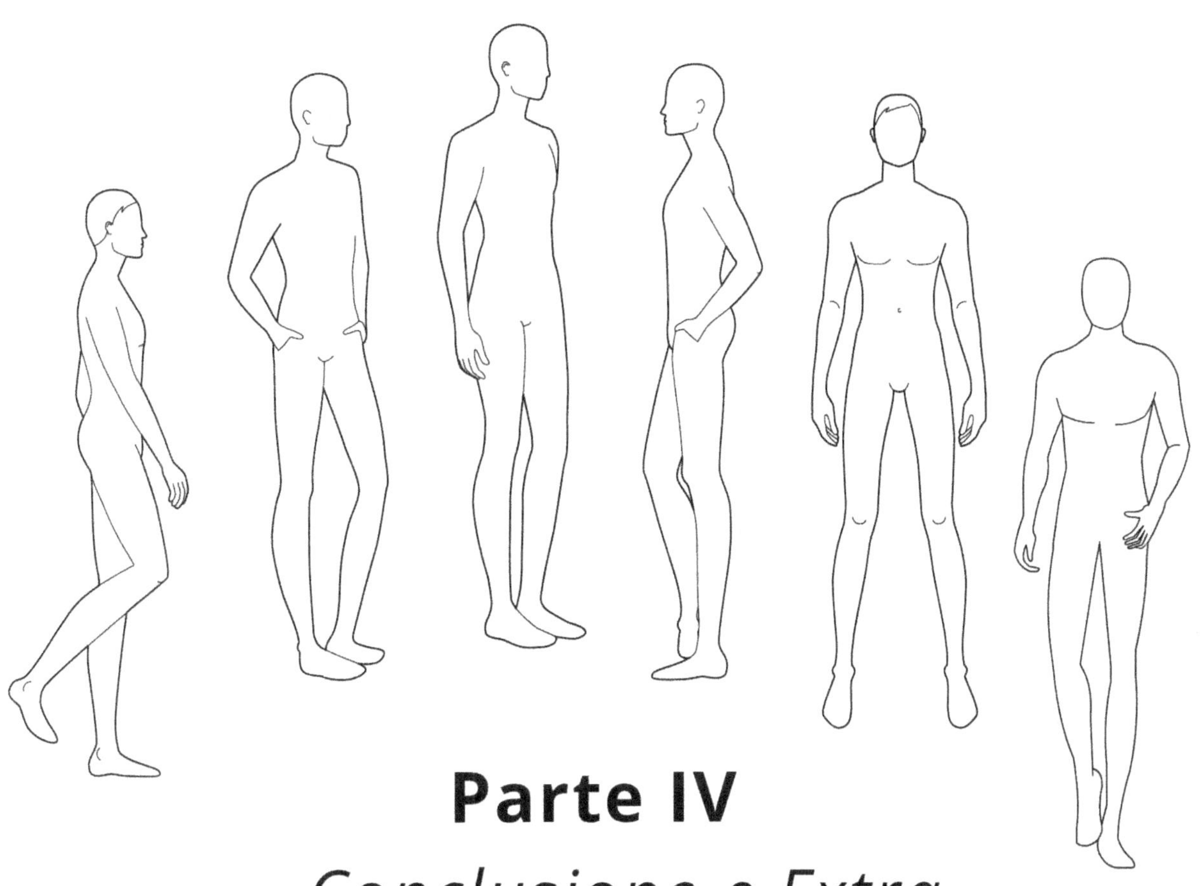

Parte IV
- *Conclusione e Extra*

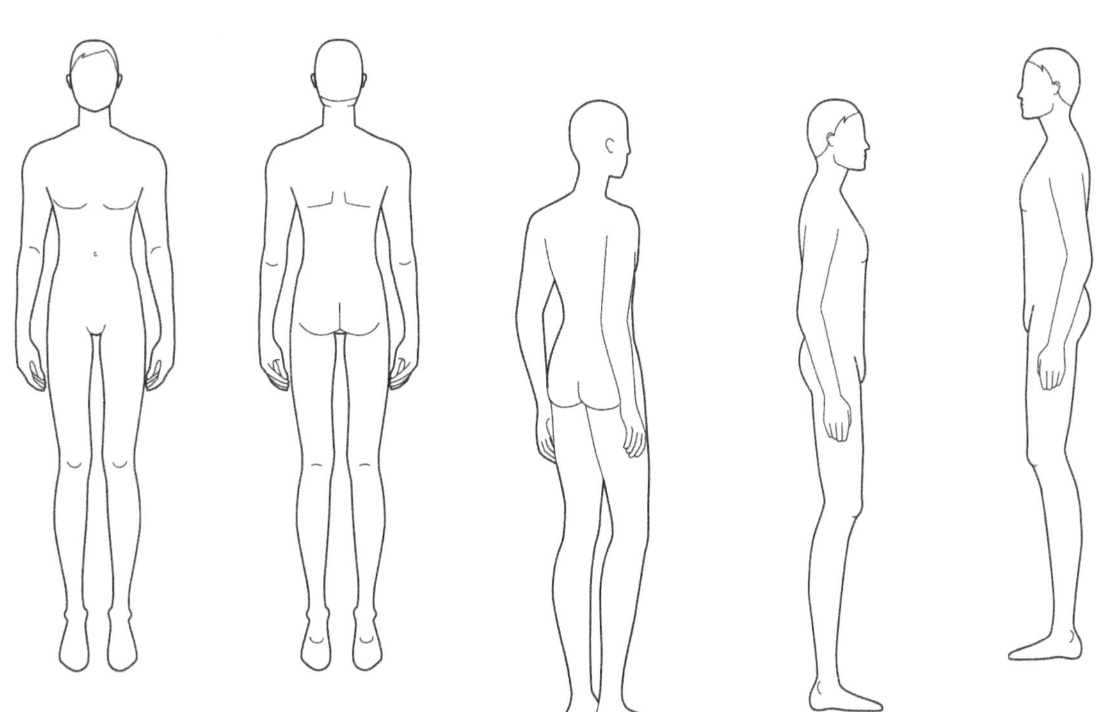

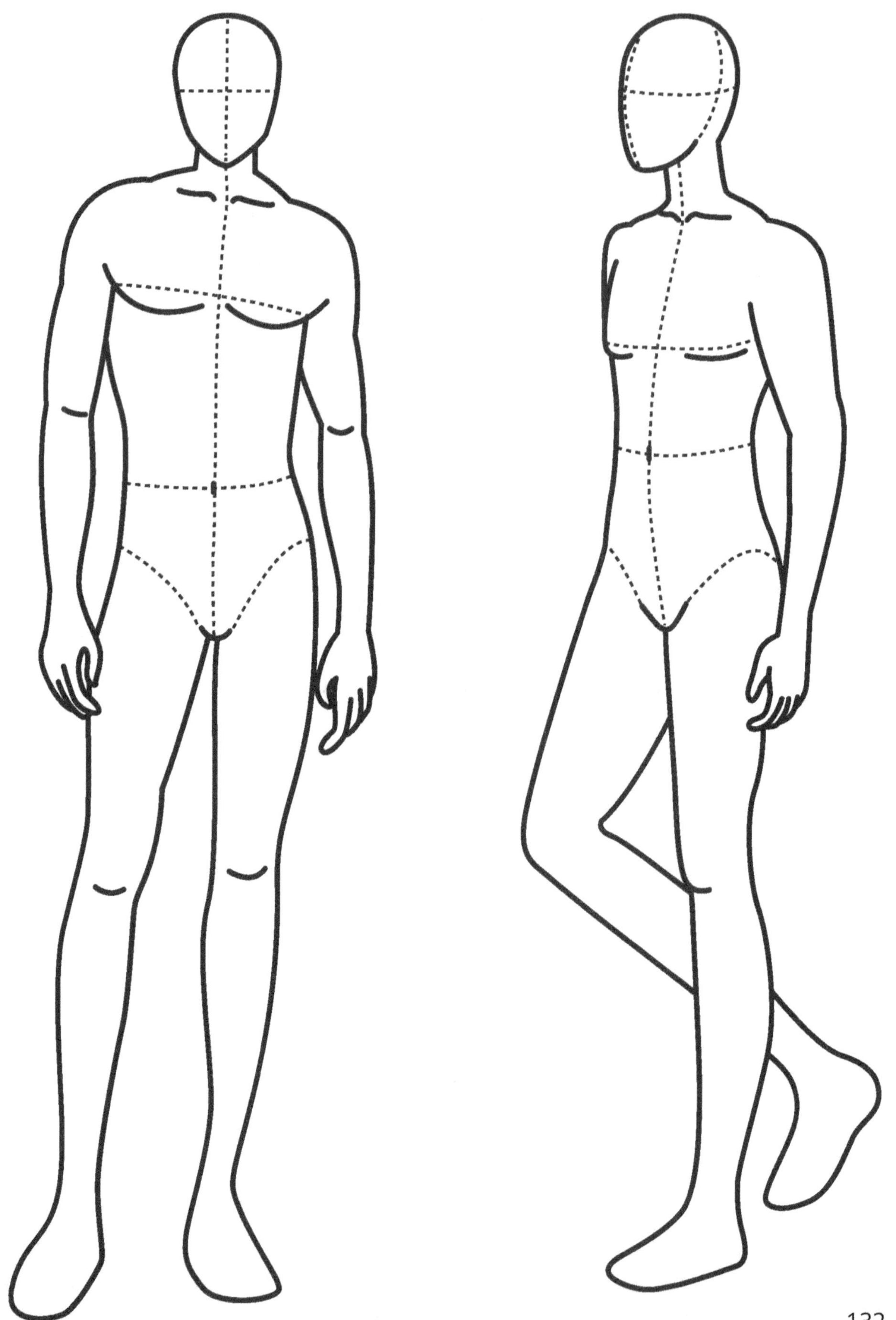

Ridisegna una Silhouette Classica

Prendi una silhouette maschile senza tempo - come un abito su misura, un bomber o un paio di jeans - e reinterpretala in chiave moderna. Mantieni la struttura ma sperimenta con tessuto, colore o dettaglio.

Spunti:
- Quale parte del design hai modificato di più?
- L'hai mantenuto portabile o l'hai reso più artistico?
- Come il tuo restyling riflette le tendenze attuali?

Suggerimento Pro: *"Gli aggiornamenti moderni danno nuova vita ai classici."*

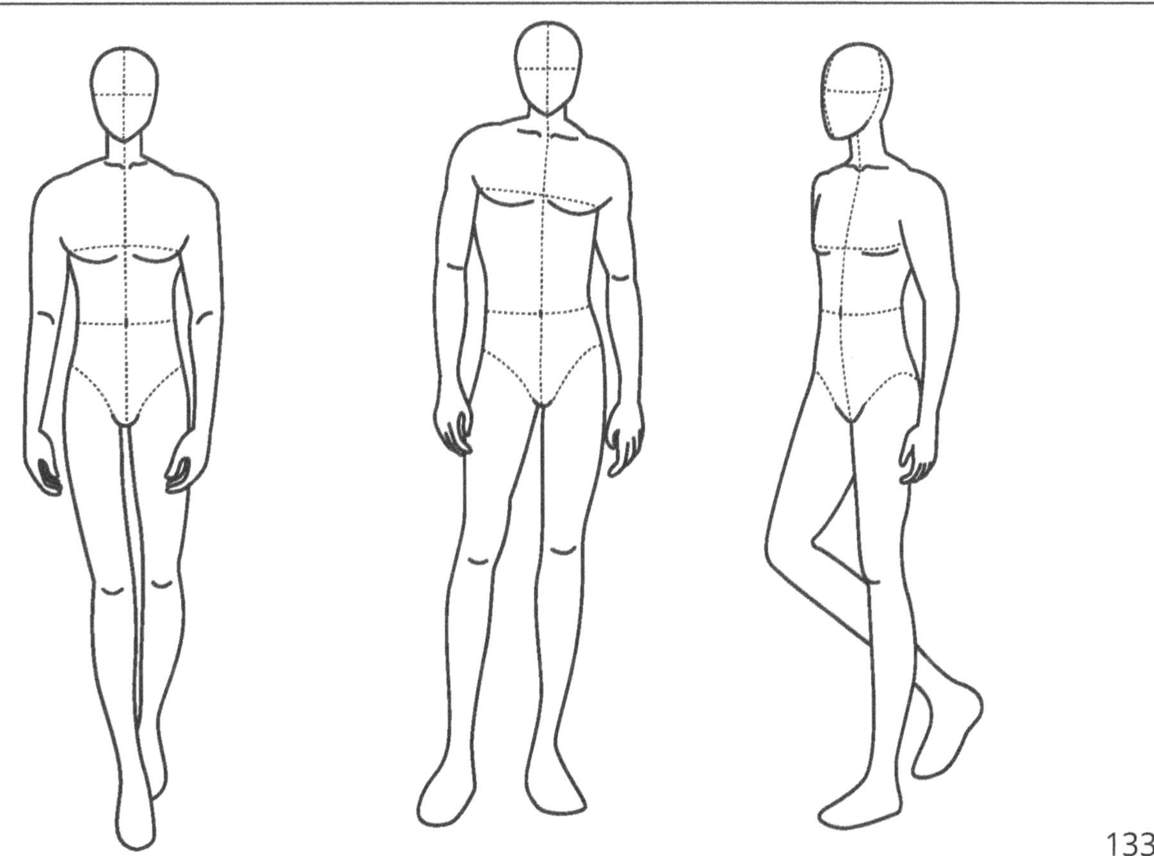

Sfida Capsule Wardrobe

Progetta un guardaroba essenziale composto da 5 outfit maschili. Concentrati sulla versatilità: ogni capo deve poter essere abbinato agli altri.

Spunti:

- Quali 5 capi formano la base della tua capsule?
- Come funzionano insieme per coprire diverse occasioni?
- Il bilanciamento tra casual e formale è ben studiato?

Suggerimento Pro: *"Meno capi, più possibilità."*

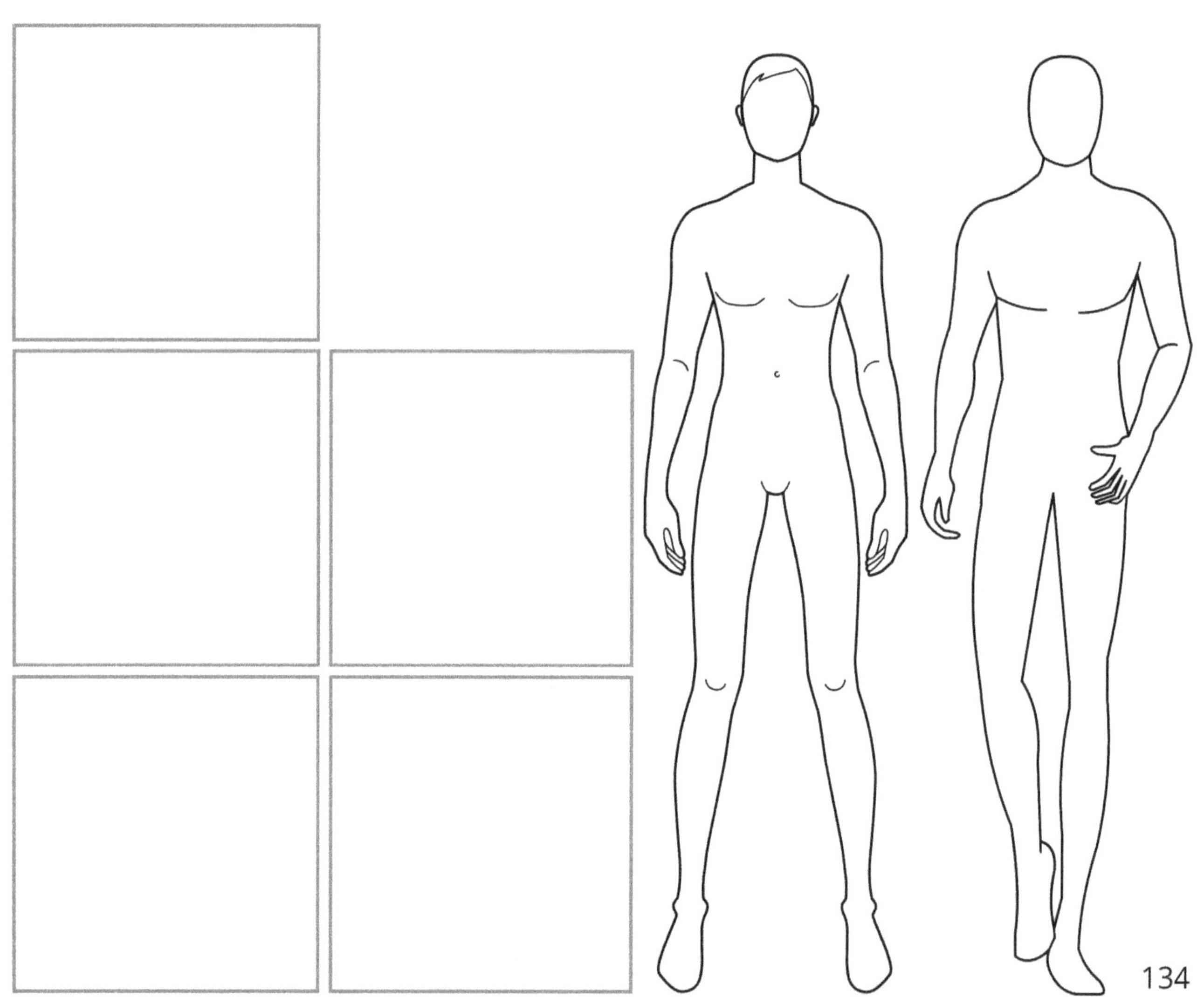

Ispirazione Stagionale

Scegli una stagione e crea un outfit che la rappresenti - la freschezza della primavera, la leggerezza dell'estate, la stratificazione dell'autunno o l'eleganza dell'inverno.

Spunti:

- Quali colori o texture rappresentano meglio la stagione scelta?
- Come la funzionalità (calore, comfort, traspirabilità) influenza il design?
- L'outfit risulta comunque attuale e stiloso?

Suggerimento Pro: *"Lo stile di ogni stagione è un'ispirazione senza tempo."*

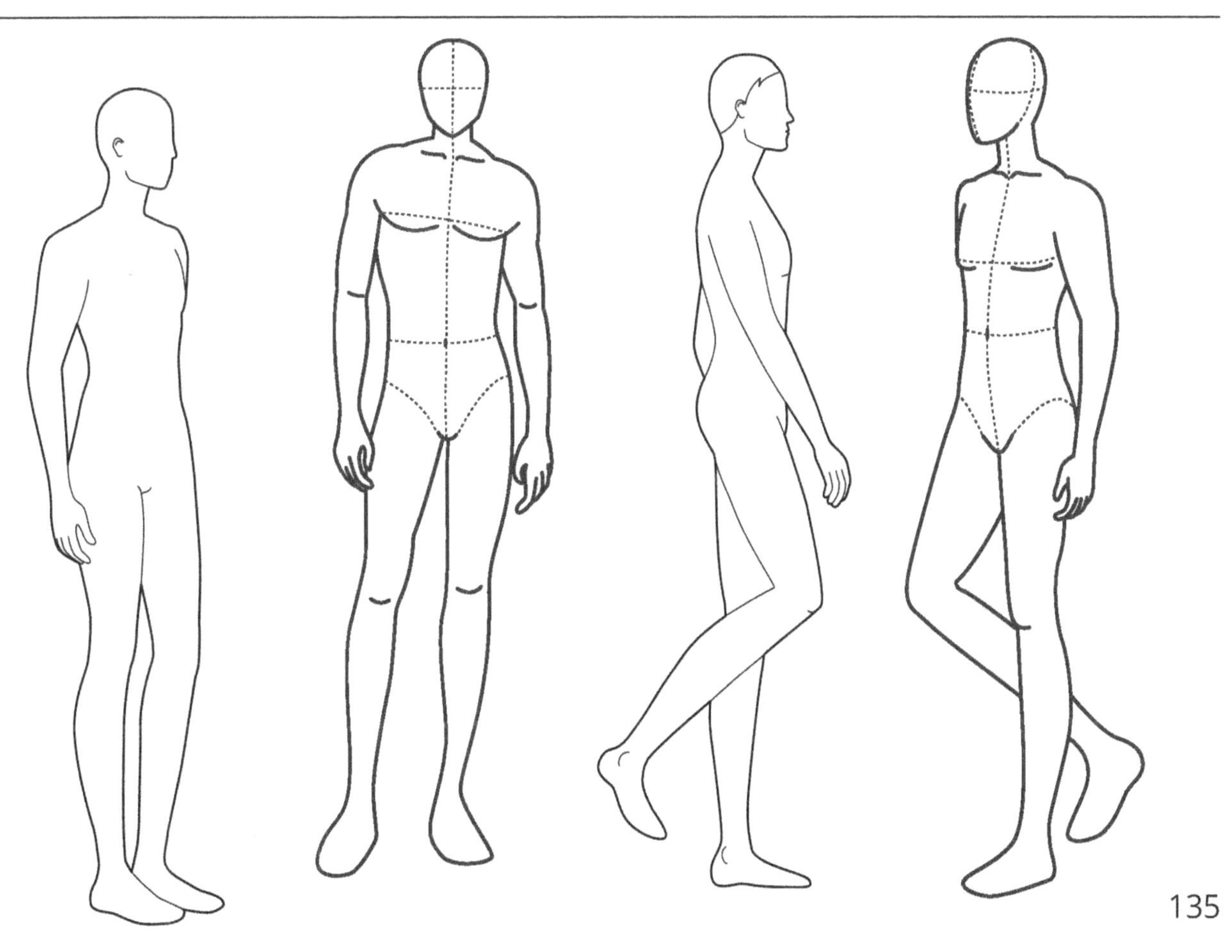

Trasformazione della T-shirt

Parti da una semplice t-shirt maschile e reinventala. Gioca con tagli, grafiche, sovrapposizioni o combinazioni di materiali.

Spunti:

- Cosa rende la tua t-shirt diversa dal solito?
- È più casual, sportiva o di alta moda?
- Il tuo design funzionerebbe per la produzione di massa o come edizione limitata?

Suggerimento Pro: *"L'elemento più semplice può esprimere le idee più audaci."*

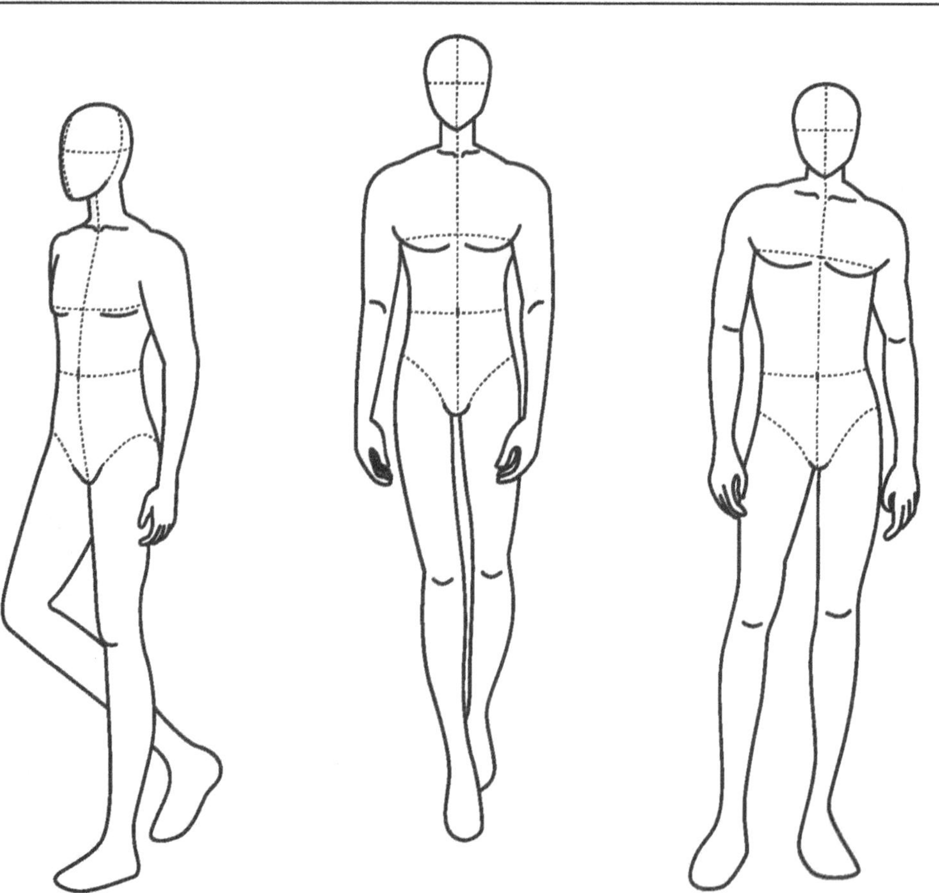

Mix & Match di Opposti

Combina due stili opposti in un solo outfit (es: streetwear + formale, sportivo + lusso, vintage + futuristico).

Spunti:
- Quali elementi contrastano di più?
- Come hai bilanciato tensione e armonia?
- Il risultato è sorprendente ma indossabile?

Suggerimento Pro: *"I contrasti creano carattere."*

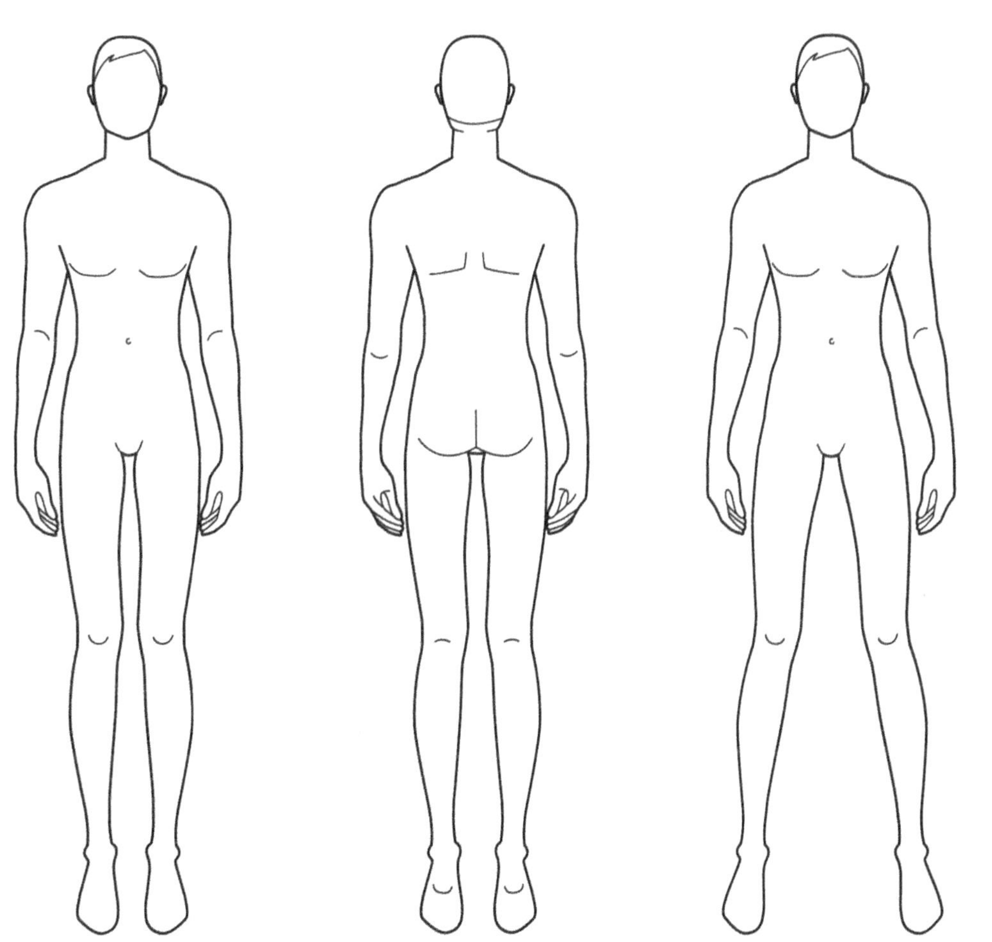

Focus sugli Accessori

Progetta un accessorio maschile d'impatto (orologio, sneakers, zaino, cappello, cravatta, ecc.) che trasformi un look. Gli accessori raccontano storie potenti.

Spunti:
- Quale accessorio hai scelto e perché?
- Come valorizza o completa l'outfit?
- Potrebbe diventare un pezzo distintivo di una collezione?

Suggerimento Pro: *"Gli accessori sono i punti esclamativi dello stile."*

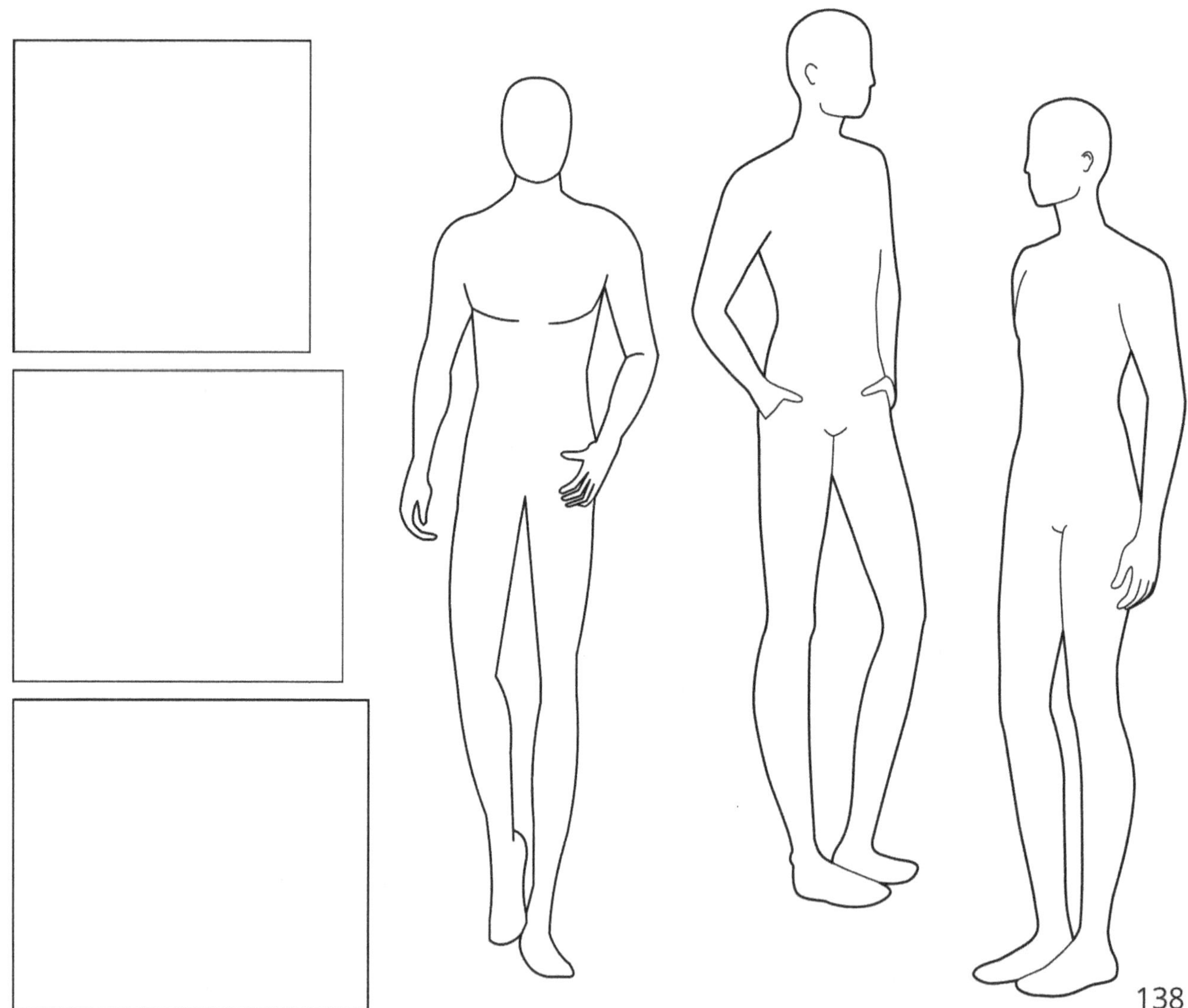

La Moda nel Tempo

Scegli un decennio (anni '20, '70, '90, ecc.) e ridisegna un look maschile ispirato a quell'epoca, aggiornandolo al presente.

Spunti:
- Quali elementi chiave definiscono il decennio scelto?
- Come li hai adattati alle tendenze moderne?
- Il design conserva il fascino retrò restando attuale?

Suggerimento Pro: *"Ogni decennio lascia un segno - reinterpretalo con la tua visione."*

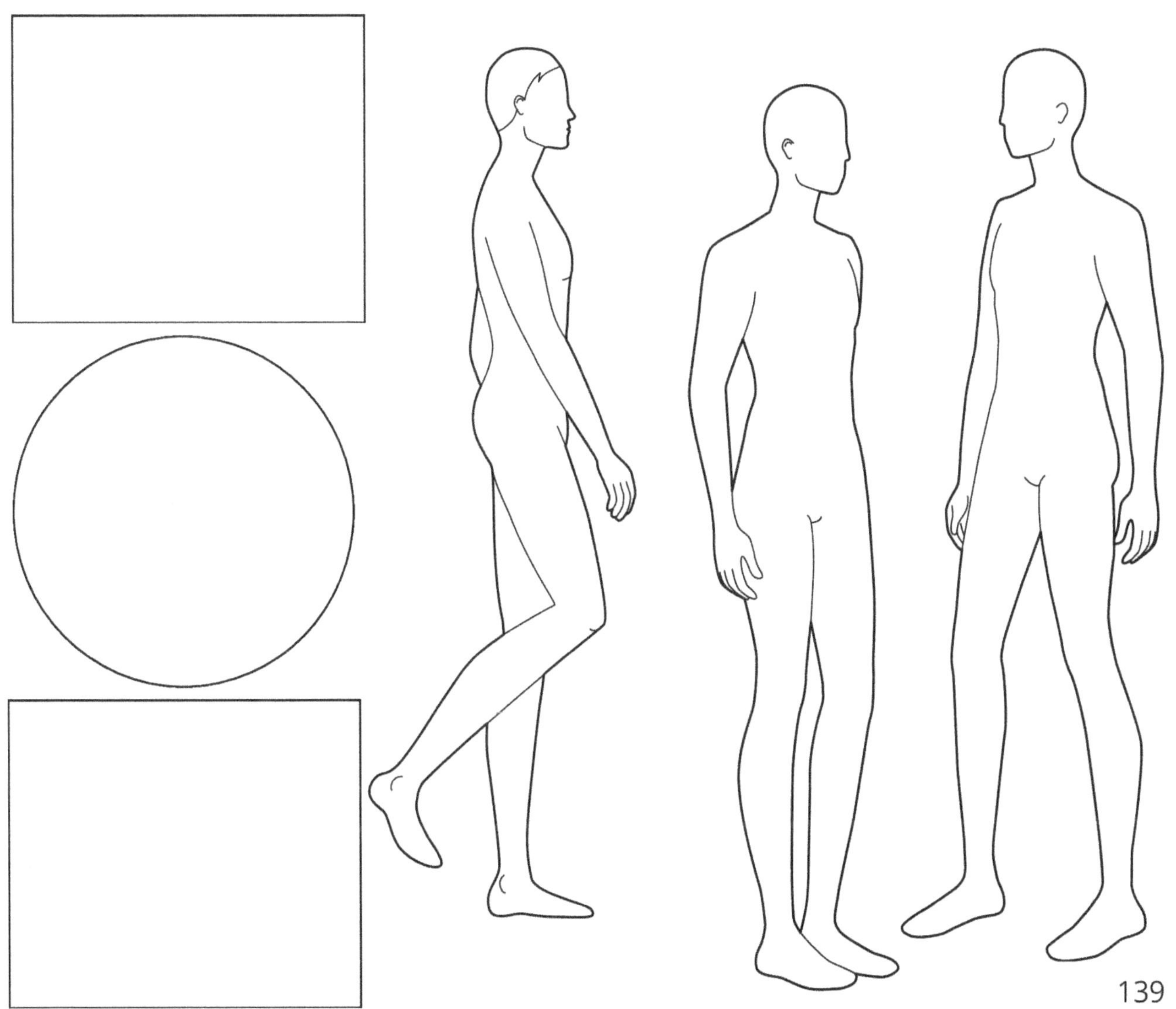

Dal Moodboard all'Outfit

Crea un mini moodboard e poi disegna un outfit ispirato ad esso. Raccogli colori, texture e immagini che ti ispirano, incollale o disegnale nello spazio sottostante e traduci quella sensazione in un look indossabile.

Spunti:
- Qual è il tema del tuo moodboard?
- Quali elementi hai trasferito nel design?
- L'outfit finale "trasmette" l'atmosfera del tuo board?

Suggerimento Pro:
"Un concetto forte = una collezione forte."

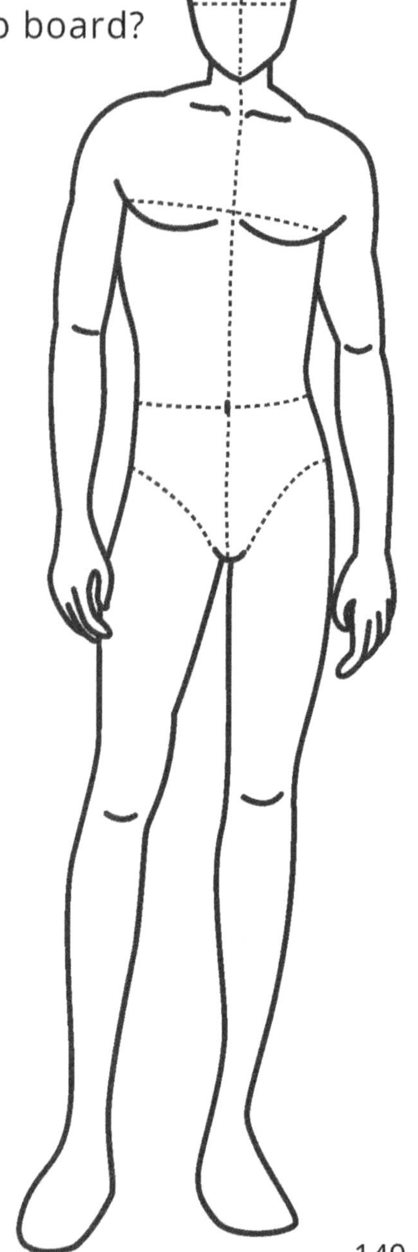

Lista di Controllo per lo Stilista di Moda[141]

Ogni fashion designer ha bisogno degli strumenti giusti. Usa questa checklist per essere sempre pronta/o a ogni sessione di disegno o progetto di design. Spunta le caselle mentre costruisci il tuo kit creativo - e aggiungi liberamente i tuoi indispensabili!

Essenziali per il Design
- Sketchbook e fogli bianchi ....
- Sagome di figure di moda ....
- Matite (HB, 2B, 4B) ....
- Pennarelli a punta fine & penne a inchiostro ....
- Gomme & temperini ....
- Righelli & curve francesi ....

Colore e Texture
- Matite colorate ....
- Markers / Pennarelli ad alcool ....
- Acquerelli o gouache ....
- Campioncini di tessuto ....
- Campioni di texture ....

Strumenti & Accessori
- Forbici & taglierini ....
- Colla stick / nastro adesivo ....
- Metro da sarta ....
- Spilli / clip ....
- Cartella portfolio ....

Strumenti Digitali (Opzionali)
- Tablet da disegno ....
- Penna digitale (stylus) ....
- Software di moda (CAD / App di disegno) ....

Ricerca dei Tessuti
- Cataloghi tessili ....
- Riviste di tendenza ....
- Materiale per moodboard ....

I Miei Tessuti e Marchi Preferiti
- Spazio per Appunti

Questa pagina è tutta per te! Scrivi i tuoi tessuti, texture e brand preferiti. Pensa ai materiali che più ti ispirano - dal cotone morbido alla lana strutturata, fino alla pelle liscia.

I miei 3 tessuti preferiti:

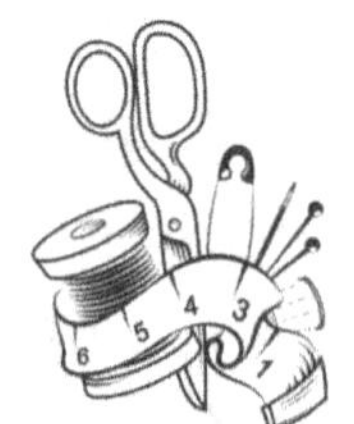

- Tessuti con cui mi piacerebbe lavorare:
- Il mio negozio/brand tessile di riferimento:
- Il tessuto che rappresenta il mio stile:
- Il materiale dei miei sogni per il futuro:

Lascia spazio per appunti e piccoli riquadri dove applicare campioni di tessuto o materiali con del nastro adesivo.

____

____

____

____

____

____

____

____

____

Il Mio Diario Personale di Moda

Uno spazio per le tue riflessioni da designer.

Hai raggiunto l'ultima sezione di questo sketchbook - ma è solo l'inizio del tuo percorso creativo. Usa questa pagina per annotare pensieri, lezioni e sogni:

- Cosa ho imparato finora:
- I miei design preferiti che ho creato:
- Lo stile che mi rappresenta di più:
- I prossimi obiettivi come designer:

"Ogni schizzo è una nuova possibilità. Continua a sperimentare, a disegnare e a creare."

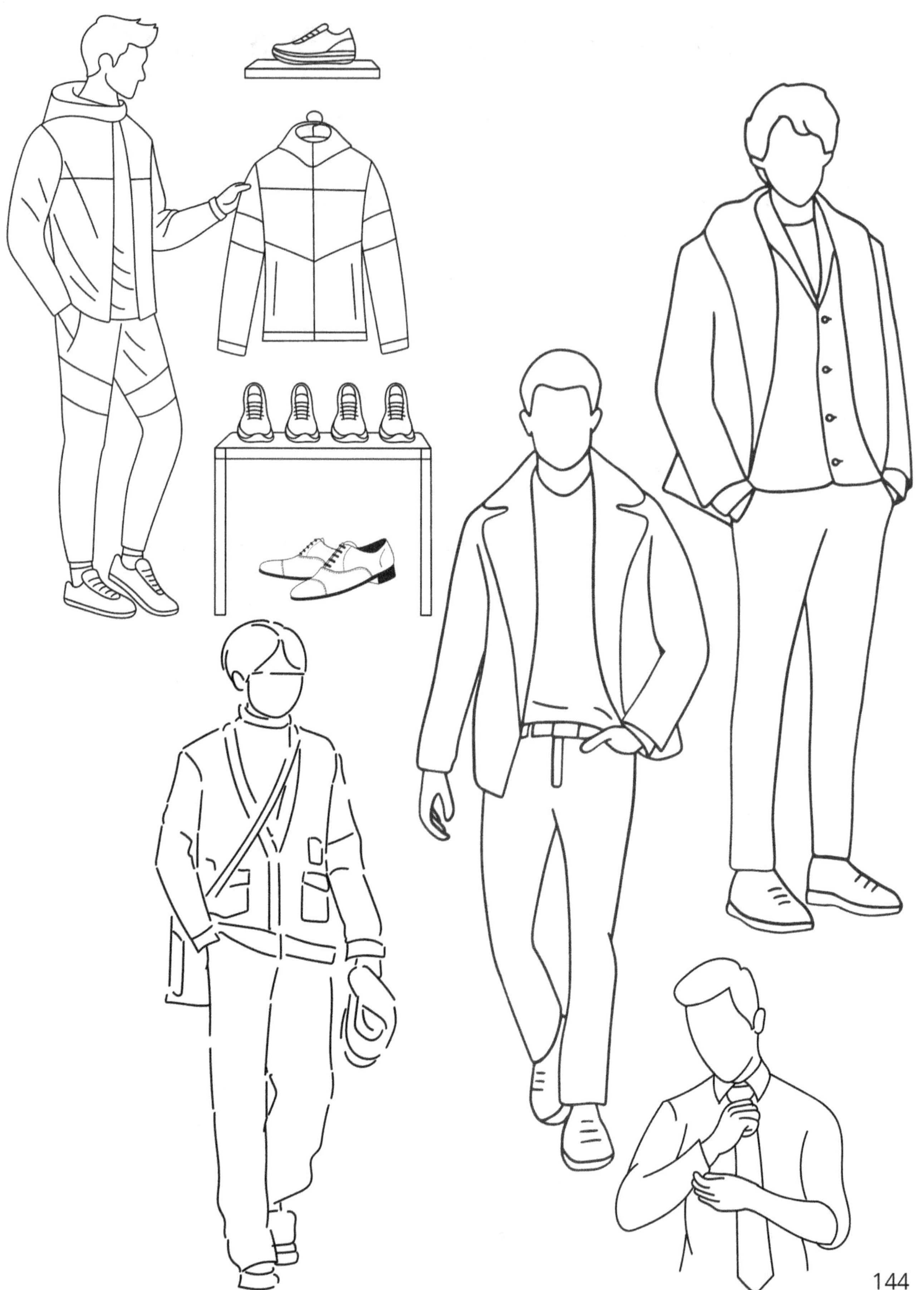

Congratulazioni!
Ce l'hai fatta!

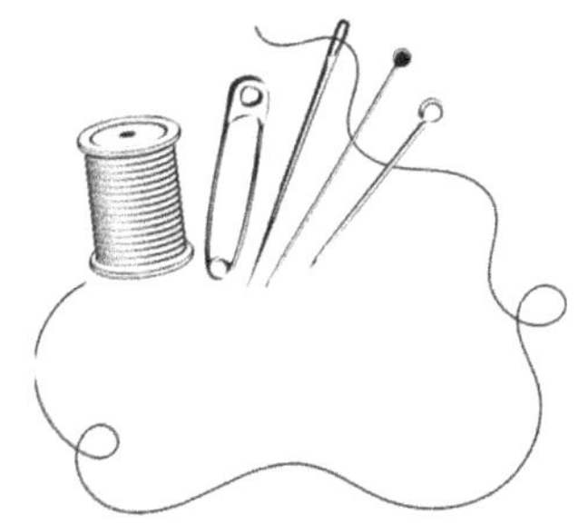

Congratulazioni, Designer!

Hai raggiunto le ultime pagine di questo libro di pratica - il che significa che hai dedicato tempo, energia e creatività per sviluppare la tua visione. Che tu sia partito/a da principiante o avessi già esperienza, ogni schizzo, idea e nota inserita qui è stato un passo avanti nel tuo percorso.

La moda è molto più che tessuti e tagli. È narrazione, identità e creatività. Ogni esercizio che hai completato ti ha avvicinato a perfezionare il tuo stile unico e a costruire fiducia nelle tue capacità.

Ricorda: la crescita arriva con la costanza. Continua a disegnare, a esplorare e, soprattutto, a divertirti con la tua arte.

Ci piacerebbe sentire la tua opinione!

Se questo sketchbook ti ha ispirato, dedica un momento per condividere un tuo feedback. La tua esperienza può aiutare altri aspiranti designer a scoprire questo libro e a iniziare il proprio viaggio creativo.

Grazie per aver fatto parte di questa avventura!

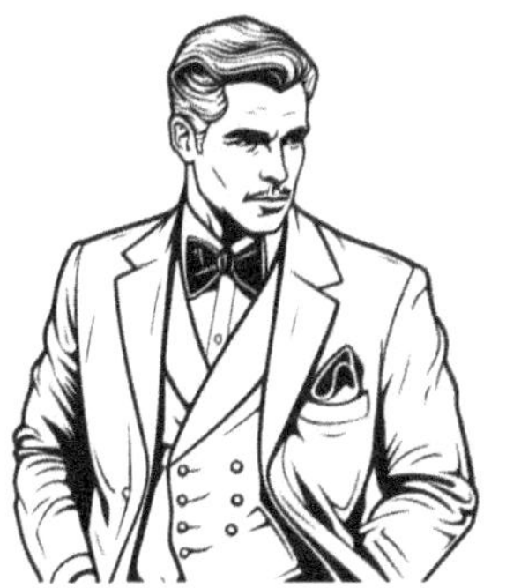

Continua a disegnare, a progettare e a esprimere la tua visione senza fermarti mai!

Niky Jadesson

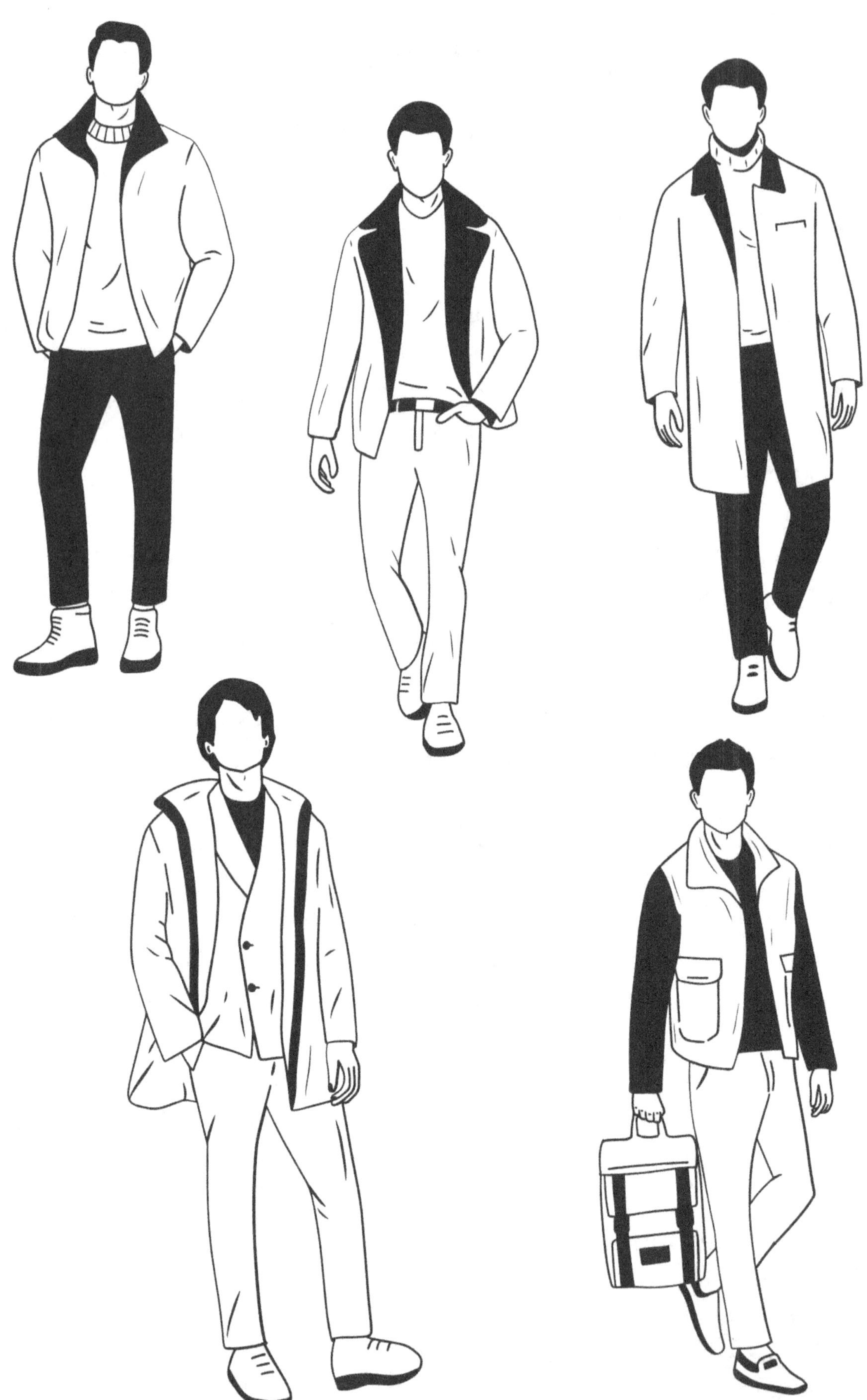

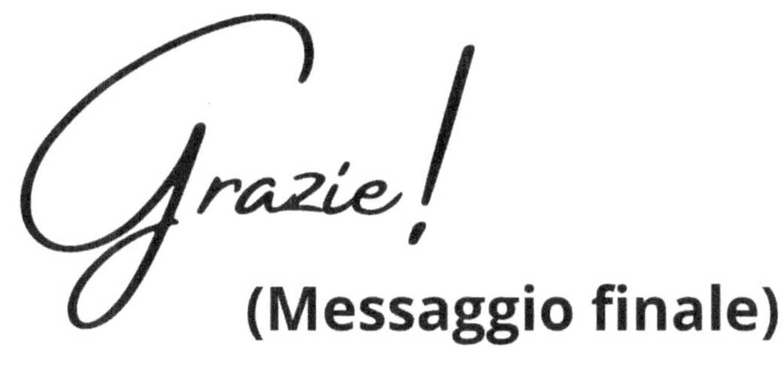

Grazie!

(Messaggio finale)

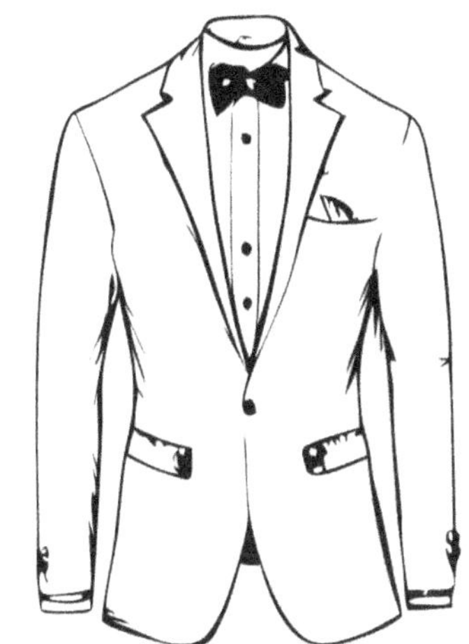

Grazie per essere qui!

Speriamo che questo sketchbook ti sia piaciuto e che lo abbia trovato ispirante, pratico e divertente da usare.

Il tuo supporto significa moltissimo per noi!

Come progetto editoriale indipendente, ogni recensione, parola gentile o suggerimento ci aiuta a creare nuovi strumenti per aspiranti fashion designer come te.

Se vuoi condividere opinioni, idee o semplicemente salutarci, ci farà piacere sentirti:

 nikyjadesson@gmail.com

Puoi anche scoprire altre versioni di questo sketchbook cercando **Niky Jadesson Books.**

Grazie ancora per aver fatto parte
di questo viaggio nel design
- che la tua arte continui a brillare con ogni
nuovo schizzo che porterai alla vita!

Niky Jadesson

Grazie per Aver Scelto Questo Libro!

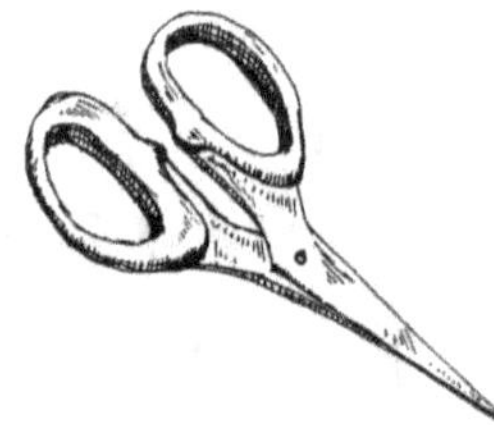 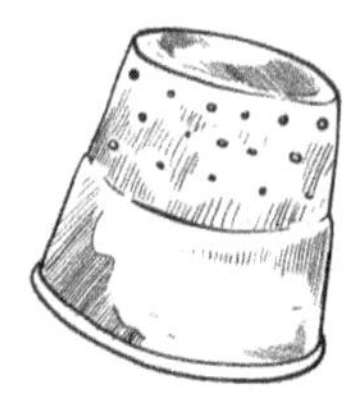 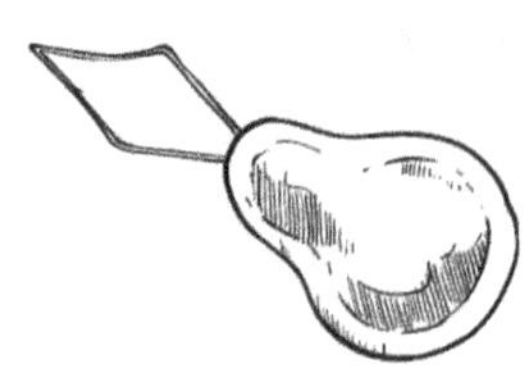 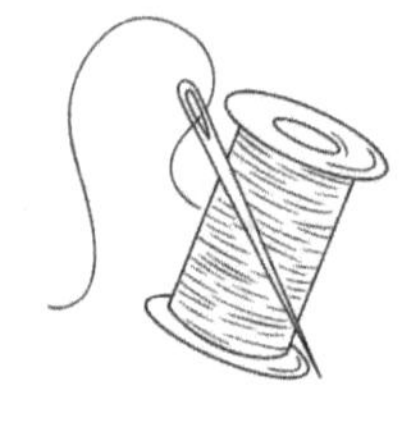

Ti ringraziamo di cuore per il tempo, l'impegno e la passione che hai dedicato a questo sketchbook. La tua creatività ci ispira a continuare a realizzare strumenti che incoraggiano crescita, fiducia e autoespressione.

Se hai trovato utile questo libro, la tua recensione conta tantissimo - aiuta altri creatori a scoprirlo e sostiene la nostra missione di condivisione.

Vuoi esplorare di più?

Puoi trovare altri design e varianti cercando Niky Jadesson Books online.

Grazie ancora, e soprattutto:

**Continua a disegnare, a progettare
e a creare!**

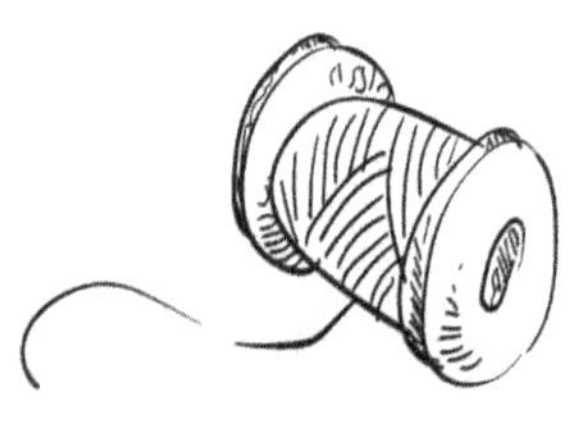

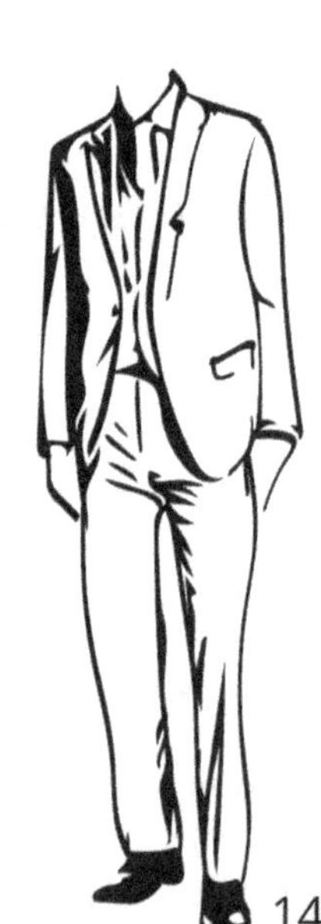

Niky Jadesson

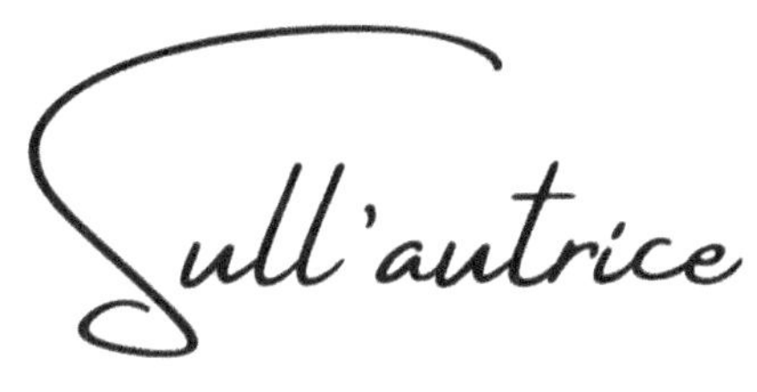

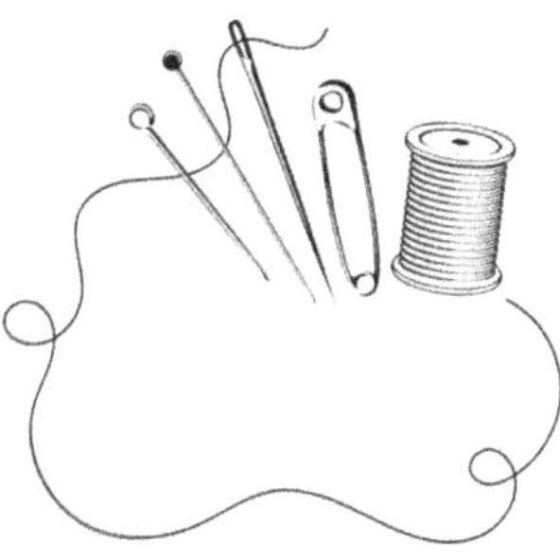

Sull'autrice

Niky Jadesson è un'autrice e designer creativa, appassionata nel fondere educazione e immaginazione.

Con amore per l'arte e l'espressione personale, crea libri che aiutano i lettori a esplorare la propria creatività, sviluppare nuove competenze e divertirsi durante il processo.

La sua ispirazione nasce dalla gioia dell'apprendimento, dalla bellezza della trasformazione e dalla scintilla di fiducia che arriva con la pratica.

Quando Niky non scrive o non progetta nuovi lavori, ama passeggiare nella natura, sorseggiare tè e ideare nuovi modi per rendere l'apprendimento e la creatività ancora più piacevoli.

La sua missione è semplice: ispirare e incoraggiare le persone a esprimersi, una pagina alla volta.

I suoi progetti editoriali includono sketchbook di moda femminile e maschile pensati per ispirare creativi di ogni livello.

Scopri di più cercando: **Niky Jadesson Books**

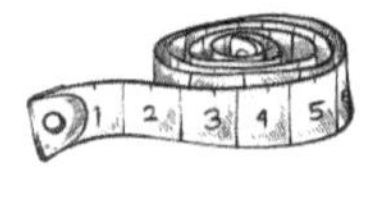 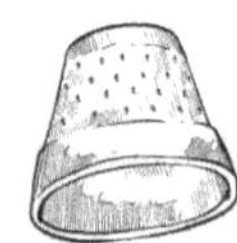

Glossario di Termini di Moda

- **Silhouette -** La forma o il profilo complessivo di un capo; è la prima impressione che un design trasmette.
- **Cartamodello (Pattern)** - Il modello usato per tagliare le parti di tessuto prima dell'assemblaggio.
- **Drappeggio (Drape) -** Il modo in cui il tessuto cade e si muove su un corpo o un manichino.
- **Cucitura (Seam) -** La linea di punti che unisce due pezzi di tessuto.
- **Orlo (Hemline) -** Il bordo inferiore di un capo, rifinito per evitare che sfilacci.
- **Corpetto (Bodice) -** La parte superiore di un capo che copre il busto.
- **Vita (Waistline) -** La linea in cui il corpetto incontra la parte inferiore del capo, definendo le proporzioni.
- **Rever (Lapels) -** Le pieghe decorative sul davanti di giacche o cappotti.
- **Sartoria (Tailoring) -** L'arte di progettare e confezionare capi maschili su misura.
- **Tessuto da abito (Suiting Fabric) -** Tessuti come lana, tweed o lino usati per capi sartoriali.
- **Fodera (Lining) -** Uno strato interno di tessuto che dona comfort e rifinitura.
- **Tessile (Textile) -** Qualsiasi tessuto intrecciato, lavorato a maglia o prodotto per la moda.
- **Fibra (Fiber) -** Il materiale base da cui sono realizzati i tessuti (cotone, lana, seta, poliestere, ecc.).
- **Couture -** Moda di alta gamma, realizzata su misura e spesso a mano.
- **Prêt-à-porter (Ready-to-Wear) -** Abbigliamento prodotto in taglie standard e venduto nei negozi.
- **Capsule Wardrobe -** Collezione ridotta e versatile di capi essenziali pensati per essere combinati tra loro.

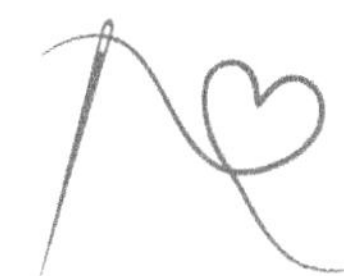 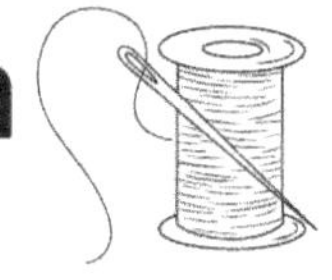

Glossario di Termini di Moda
(continua)

- **Layering -** Tecnica di stile che combina più capi per creare profondità e versatilità.
- **Palette di colori (Color Palette) -** Insieme di tonalità selezionate per una collezione o un outfit.
- **Tendenza (Trend)** - Stile, dettaglio o forma di capo popolare in un determinato periodo.
- **Moodboard -** Collage visivo di immagini, colori e texture che ispirano un design.
- **Pince (Dart) -** Piega cucita che modella il tessuto seguendo le curve del corpo.
- **Carré (Yoke) -** Pannello sagomato (spesso su spalle o fianchi) che sostiene il resto del capo.
- **Taglio in sbieco (Bias Cut) -** Taglio del tessuto in diagonale rispetto alla trama per maggiore fluidità.
- **Decorazione (Trim) -** Elementi decorativi come pizzi, nastri o ricami.
- **Merceria (Notions) -** Piccoli accessori come cerniere, bottoni, automatici o ganci.
- **Moda sostenibile (Sustainable Fashion)** - Abbigliamento creato con responsabilità ambientale ed etica.
- **Fast Fashion -** Moda a basso costo prodotta rapidamente seguendo le tendenze del momento.
- **Haute Couture -** Il massimo livello dell'artigianalità nella moda, con capi unici e su misura.
- **Collezione (Collection)** - Insieme coordinato di capi presentati da un designer in una stagione.

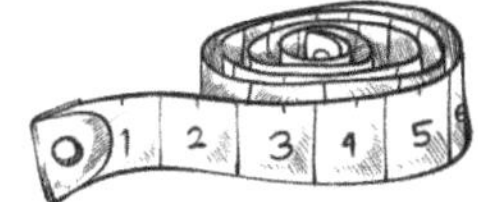